clave

Patricia Ramírez, conocida como Patri Psicóloga, es psicóloga, escritora, conferenciante y divulgadora en diferentes medios de comunicación. Patricia es licenciada en Psicología, tiene un máster en Psicología clínica y de la salud y un doctorado del Departamento de Personalidad, Evaluación y Tratamiento Psicológico de la Universidad de Granada.

En 2017 fue galardonada con el Premio del Colegio Oficial de Psicólogos de Andalucía Oriental a la mejor divulgadora en redes sociales, y en 2024 obtuvo el Premio MIA 2024 a la mujer más influyente de Aragón en la categoría de divulgación y generación de contenido. Desde sus redes, en las que cuenta con más de un millón de seguidores, ofrece diariamente consejos y herramientas a través de sus vídeos y posts, y divulga sobre lo que más le apasiona: la psicología de la vida cotidiana.

Es autora de doce libros, entre los que destacan: *Vivir con serenidad* (Grijalbo, 2022), *Somos fuerza* (Grijalbo, 2021) y *Cuenta contigo* (Conecta, 2016), el cual lleva más de once ediciones. Colabora habitualmente en televisión, radio, prensa y revistas. Destaca su participación en el programa *Para todos la 2* de TVE. Desde 2021 está de gira con su equipo por España con cinco obras de teatro que acercan la psicología al público desde el humor y el rigor, y que dan herramientas para gestionar la ansiedad, la adolescencia, la menopausia y las relaciones de pareja. Estos cinco espectáculos se pueden ver en las principales ciudades del país.

Es conferenciante habitual sobre temas relacionados con la actitud, la fuerza de voluntad, la confianza, el liderazgo y el optimismo, e imparte talleres semanalmente, online y de forma presencial. Su clínica online, de cobertura nacional e internacional, tiene un objetivo claro: mejorar la vida de las personas.

Para más información, visita la página web de la autora:
www.patripsicologa.com

También puedes seguir a Patricia Ramírez en Instagram:
@patri_psicologa

PATRICIA RAMÍREZ LOEFFLER

Cómo tener tiempo para todo

DEBOLSILLO

Papel certificado por el Forest Stewardship Council®

MIXTO
Papel | Apoyando la
silvicultura responsable
FSC® C117695
www.fsc.org

Penguin
Random House
Grupo Editorial

Primera edición en Debolsillo: enero de 2026

© 2024, Patricia Ramírez Loeffler
© 2024, 2026, Penguin Random House Grupo Editorial, S. A. U.
Travessera de Gràcia, 47-49. 08021 Barcelona
Maquetación y diseño del interior de Jorge Penny
Diseño de la cubierta: Penguin Random House Grupo Editorial / David Ayuso
Imagen de la cubierta: Jorge Penny
Fotografía de la autora (portada): © Toni Galán

Printed in Spain – Impreso en España

ISBN: 978-84-663-9013-2
Depósito legal: B-19.599-2025

Compuesto en Promograff - Promo 2016 Distribucions
Impreso en Black Print CPI Ibérica
Sant Andreu de la Barca (Barcelona)

P 3 9 0 1 3 2

Queridos hijos, no permitan que el tiempo se les escape.
Vivan, rían, disfruten, amen, lloren, comprométanse, trabajen,
dense a los demás. El tiempo es lo más valioso que tienen.
No lo malgasten con batallas absurdas
y con lo que no es importante

Lo importante es el amor. Dediquen su tiempo
a amar lo que hagan y a amar a los demás

Amor, desde que llegaste a mi vida,
mi tiempo tiene otro sentido

Índice

Introducción

¿Sabes por qué tu problema no es el tiempo? Porque si ahora te dieran un bonus de tres horas más diarias, las ocuparías. Y si tu día tuviera diez horas más, también las ocuparías. El tiempo es como un trastero, metes, metes, metes, hasta que revienta. Pero no sacas.

Cuando presento un libro, o cuando los lectores me escriben en privado, siempre hay dos preguntas que se repiten. Una de ellas es qué hago para tener la piel tan bien. Sinceramente, ahí no tengo mucho mérito. Creo que es cuestión de genética; no hay más que ver que la foto que más comentarios tiene y más «me gusta» ha recibido en mi Instagram es la que colgué en julio de 2023 de la pierna de mi padre, en la que se había tatuado las fechas de nacimiento de mis hermanos y yo. La mitad de los comentarios hacían alusión a que esa pierna y esa piel no podían ser de un hombre de ochenta y dos años. Pero lo son. También es cierto que cuido mi genética con buenos hábitos, duermo para que mi sueño sea reparador, hago ejercicio de forma regular, suelo comer de manera saludable, no he fumado nunca, apenas bebo alcohol y a partir de los cuarenta empecé a echarme alguna cremita que otra, recomendaciones de mi querida Cristina Mitre.

La segunda pregunta recurrente es: «¿Qué haces, Patri, para llegar a todo? ¿Cómo te organizas?». Por eso este libro va sobre mi gestión y organización del tiempo, que puede que no encaje con tu estilo de vida o con tu escala de valores. A lo largo de estas páginas, además de la parte teórica y práctica de cómo gestionar el tiempo general, te ofrezco un relato de lo que es mi día a día, de las actividades que realizo (muchas de ellas desde que era pequeña), de lo que ha sido mi vida y de cómo he aprendido a tener tiempo para todo. Ha sido un aprendizaje a largo plazo. Me gusta justificar mi organización con el hecho de que estudié en el Colegio Alemán y la mitad de mi familia es alemana. Supongo que todos los que hayan estudiado en el Colegio Alemán no habrán salido así de organizados, como tampoco lo son todos los alemanes, pero sí creo que mi etiqueta de «medio alemana» me ha condicionado para comportarme como lo que se espera de este gentilicio: con orden, método y disciplina. Ya lo ves, en la mayoría de las ocasiones las etiquetas restan, pero algunas veces suman. Mi madre ha sido muy metódica, disciplinada y organizada. Y a pesar de que no hemos convivido mucho tiempo, creo que algo he heredado. Es una fortuna heredar valores positivos en lugar de dinero.

Bueno, hay una tercera pregunta que se repite: «¿Cómo has conseguido llevarte tan bien con tu hija y tener tanta complicidad?». Esto lo dejaremos para otro libro.

Esta no es una guía para que hagas todo más rápido y puedas llegar a más cosas, ni para que organices tu agenda como el *Tetris* y aproveches mejor el tiempo. Este es un libro para que aprendas a honrar tu tiempo, para que lo disfrutes y lo aproveches en beneficio de tu salud física y mental. Sé que encontrarás consejos que no te apetecerá leer o poner en práctica porque te sacarán de tu zona de confort. Sí, te apartarán de esa prisa que has convertido en confortable pero que daña seriamente tu salud física y mental. Pero ya te digo que no hay otra. Y es que tener tiempo pasa por cambiar de estilo de vida.

Aquí no encontrarás consejos del tipo «*Tips* infalibles para ser más rápido». Todo lo contrario. Para mí, las palabras «rápido», «deprisa» y «ya» las carga el diablo. Son necesarias para describir situaciones de urgencia, tipo «Necesita un trasplante ya», «Corre prisa tomar medidas contra la sequía», pero no pueden describir tu día a día.

Siento decirte que lo que vas a leer en este libro quizá no te guste. Porque tener tiempo implica realizar cambios drásticos en tu vida que tal vez no desees hacer. O igual sí deseas hacerlos pero piensas que es imposible. Lo que es imposible es seguir viviendo a este ritmo, a contracorriente de la salud mental, que llevas desde hace tantos años. Así que aquí tienes el método de Patri Psicóloga para llegar a todo: empieza por llegar a menos. Porque tu menos es tu todo.

Este libro está estructurado en doce capítulos. En cada uno de ellos encontrarás la justificación de por qué es importante el tema, herramientas para cambiarlo en tu vida y cómo lo gestiono yo.

Vamos al lío.

1

GESTIÓN DEL TIEMPO
Y ESCALA DE VALORES

El tiempo es oro, y quien lo pierde pierde el tesoro.

Proverbio japonés

¿Y si estuviéramos perdiendo parte de nuestro valioso tiempo en cosas que en realidad no tienen importancia? Perdemos tiempo en lo que no es importante porque andamos por la vida como autómatas repitiendo comportamientos heredados. Puede que pierdas tiempo zurciendo algún calcetín o medias porque tu madre o abuela también lo hacían, pero antes las medias eran carísimas y ahora se han abaratado mucho. O quizá sigues hirviendo el arroz en una olla normal durante veinte minutos, cuando en la olla a presión se cocina en solo dos minutos. Y sale igual de sabroso. Y como estos ejemplos, cientos. Repetimos conductas y, por no plantearnos alternativas, seguimos en esa zona confortable que muchas veces nos roba tiempo. Pero también nos perdemos en asuntos sin importancia porque no tenemos ni un momento para pensar cómo de importante es eso que hacemos. ¿Esa actividad a la que dedicas tanto tiempo está en el *top ten* de tu escala de valores?

En las redes sociales, cuando hablo de valores, muchas personas me preguntan cómo pueden descubrir cuáles son los suyos. Los valores son tu guía. Son esos códigos, esas reglas éticas, morales, sociales, sobre los que deseas asentar tu estilo de vida, tu forma de relacionarte con los demás y contigo. En definitiva, tus principios. Para mí los valores son nuestros cimientos. Y sobre ellos construimos nuestro modelo de familia, nuestro estilo de vida, la manera de relacionarnos con otras personas, con el entorno, con el trabajo.

Hagamos una reflexión para ayudarte a identificar tus valores. Antes de cambiar nada en tu vida es recomendable que decidas qué es importante para ti. Así sabrás a qué deseas dedicarle tiempo. Esto implica un ejercicio de reflexión que no siempre nos llena de orgullo y satisfacción, porque solemos descubrir que nuestra vida no está alineada con los valores que deseamos honrar o que, a pesar de tenerlos claros, no estamos dedicando tiempo a las personas, actividades o cosas que son importantes en nuestra vida. Pero, como en toda práctica de reflexión, este solo es el primer paso para que tomes medidas y generes un cambio.

A continuación te propongo varios ejercicios que te ayudarán a conocer tus valores, a comprobar si tu tiempo está alineado con ellos y a cambiar aquello que decidas.

EJERCICIO 1

Hazte las siguientes preguntas en los distintos apartados que te facilito a continuación. Tus respuestas son parte de tus valores.

Valores personales:

- **¿Qué necesitas en tu vida para vivir con bienestar emocional?** ¿Actividad física, quedar con amigos, cuidar de tus plantas, meditar, el silencio, dormir más horas...?

Valores sociales:

- **¿Cómo te gusta relacionarte con otras personas?** ¿Con honestidad, naturalidad, solidaridad, generosidad, con límites, con distancia...?

Valores del trabajo:

- **¿Qué esperas de la empresa en la que trabajas?** ¿Ética, productividad, ambición, responsabilidad medioambiental, libertad de horarios, teletrabajar, creatividad, dinero...? ¿Cómo te gusta que sea la relación con tus compañeros? ¿Cómo te gusta relacionarte con tu trabajo?

Valores de pareja y familia:

- **¿Qué necesitas o esperas de tu pareja?** ¿Sobre qué valores te gustaría asentarla? ¿Fidelidad, poliamor, transparencia absoluta, cuentas compartidas o separadas, hijos, animales, vivienda propia o de alquiler...? ¿Cómo te gustaría educar a tus hijos? ¿Dónde te gustaría vivir? ¿Qué necesitas de tu vivienda para que se convierta en un hogar?

Valores universales:

- **¿Cómo te gusta que sea el mundo en el que vives?** ¿Diverso, justo, ecológico, animalista, pacífico, sencillo, minimalista, consumista...? ¿Cómo deseas que te traten? ¿Cómo deseas tratar a otras personas, conocidas o desconocidas?

Te propongo estas áreas generales que suelen abarcar la vida de las personas, pero quizá tengas otras que te gustaría destacar, como «valores espirituales», «valores políticos», «valores animalistas» o «valores deportivos», si te dedicas al deporte de forma profesional. Lo mío solo son ideas que pueden ayudarte a concretar esa guía.

Es muy importante que a la hora de contestar estas preguntas te dejes llevar más por el corazón que por la razón. Las respuestas racionales atienden más a la deseabilidad social, es decir, a lo que los demás esperan de ti. Por ejemplo, puede que, con relación a los valores del mundo, contestes «consumo mesurado» porque contestar «consumista» podría ser objeto de crítica por parte de los tuyos; aunque no vayan a leer tus respuestas, está demostrado que pensar cómo las juzgarían las personas a las que quieres cambia la respuesta. Nadie desea quedar mal, ni siquiera de pensamiento. Si tú interpretas que los demás esperan que seas mesurado con tus compras, lo más probable es que señales ese valor en tu vida como importante, a pesar de que te guste gastar.

A continuación te propongo un segundo ejercicio. Puede que este te resulte más sencillo. Es compatible con el anterior. El primero requería una mayor reflexión y profundidad, pero ambos son igual de importantes.

EJERCICIO 2

Elige diez valores, cosas o actividades de gran importancia para ti, independientemente del área a la que pertenezcan. Con «área» me refiero a la clasificación que hemos usado en el ejercicio anterior para dividir los valores: familia, trabajo, relaciones personales, etc.

Te muestro un ejemplo:

1. Compasión

2. Justicia

3. Honestidad

4. Hijos

5. Montar en bici

6. Silencio

7. Bailar salsa

8. Viajar

9. Feminismo

10. Autenticidad

No necesitas ordenarlos de más importante a menos. Siendo solo diez, entiendo que todos tienen una importancia similar para ti.

Ahora elige un valor con el que desees trabajar. El que más eches en falta en tu vida, el que no tenga presencia en tu día a día. Y define estrategias o comportamientos que te ayuden a implementarlo.

Te facilito un ejemplo. Imagina que elegimos el valor «silencio», entendido como «tener más silencio en mi vida».

Puede que tu vida atraviese un momento ruidoso: ruido en casa con niños pequeños, una oficina de trabajo diáfana con ruido de compañeros, notificaciones de correos, el caminar de los trabajadores, ruido en la calle, ruido en las clases guiadas del gimnasio o ruido en la tele porque tu pareja la pone a todas horas.

Escribe tres momentos de tu vida en los que te gustaría cultivar el silencio para ayudarte a conectar con este valor. Por ejemplo:

- «Cuando llegue a casa me tomaré un ratito para realizar una rutina de belleza a puerta cerrada. Le pediré a mi pareja colaboración para que respete esa media horita y se ocupe de los niños».

- «En el trabajo saldré a comer a un parque o cafetería externa en lugar de quedarme en el comedor de la empresa. Así podré comer sola y tener ese momento para mí».

- «Saldré a pasear media hora sola, sin móvil, sin música, sin estar pendiente de lo interesante que pueda ser un pódcast. Saldré temprano, cuando la ciudad todavía está en silencio, antes del desayuno familiar».

Revisa una vez a la semana tus propósitos relacionados con el valor del silencio. ¿Son fáciles de conseguir? ¿Tendrías que redefinirlos, ajustarlos, simplificarlos? ¿Te sientan bien, estás a gusto durante esos ratitos? ¿Te ayudan a conseguir lo que deseas?

Y ahora te estarás preguntando: «Pero, Patri, ¿de dónde saco yo tiempo para mis momentos de silencio?». El ejercicio sobre valores que comparto a continuación te ayudará a hacer un hueco para lo importante. En muchos libros de coaching encontrarás ejercicios parecidos a este; se llama «la rueda de la vida».

EJERCICIO 3

Te invito a anotar en una hoja aquellas actividades, obligaciones, aficiones, personas y momentos a los que dedicas tiempo diariamente, sean de tu agrado o no. Incluye en la lista puntos como las labores domésticas, las aficiones, el trabajo, las llamadas varias, los recados, la colaboración con una ONG, el tiempo que dedicas a las redes sociales y a chats varios, las series, la lectura, las horas de sueño y descanso, a pasear al perro, etc.

Ahora apunta detrás de cada actividad el tiempo medio diario que le dedicas. Por ejemplo: «Cocinar (2 horas), trabajo (9 horas y media), running (40 minutos), pasear al perro (1 hora), arreglarme y rutinas de higiene y belleza (1 hora), redes sociales (2 horas)», etc.

A continuación escribe una segunda lista en una hoja aparte. Anota qué es importante para ti en tu día a día, qué tiene valor, qué te hace sentirte bien, orgulloso, productivo... Puede que esta lista coincida en algunos puntos con la anterior, pero otros no estarán recogidos en la primera, sencillamente porque no tienes tiempo para ellos. Es decir, quizá en esta segunda lista se conserven valores como el trabajo o el running, pero falten actividades de mucho valor, como quedar con amigos, ir al cine o pasar más tiempo con tu padre o tu pareja.

Ahora vuelve a anotar el tiempo que te gustaría dedicar a esas actividades. Puede que desees ajustar el que destinas a actividades importantes, pero en las que estás demasiado comprometido, como el trabajo. Tal vez tu trabajo te llene y te guste, pero termine por saturarte cuando tienes que dedicarle nueve horas y media diarias. La lista podría quedar así: «Trabajo (8 horas), correr (40 minutos), desayunar tranquila (20 minutos), leer (30 minutos), cenar con amigas (una noche a la semana), ver documentales (30 minutos), hablar con mi abuela (15 minutos tranquilos), entrenar escalada (2 horas a la semana)», etc.

Este ejercicio nos ayuda a tomar conciencia de la cantidad diaria de tiempo que dedicamos a actividades poco relevantes que aportan muy poco a nuestra vida, como las dos horas en las redes sociales. Y sumergidos dentro de nuestras rutinas diarias no somos conscientes del tiempo que perdemos. No te sientas mal, no te agobies, no te juzgues si este ejercicio te revela cosas importantes que tienes que cambiar. Caminar hacia delante pasa por tomar conciencia de estas reflexiones. Si no lo hiciéramos, seguiríamos estancados de por vida. Y eso sí que sería triste y frustrante.

Cambiar de estilo de vida para hacer hueco y destinar tiempo de calidad a tus asuntos importantes no se consigue de un día para otro. Implica una reflexión sobre renuncias y prioridades (más adelante hablaremos de ellas), y elaborar un plan para, poco a poco, ir gestionando mejor tu tiempo y tu calidad de vida. Porque tener tiempo es tener calidad de vida.

A lo largo de mi vida me he hecho muchas veces esta reflexión: ¿estoy viviendo la vida que deseo? La respuesta suele ser mucho más sencilla que los cambios que tenemos que realizar. Sin embargo, pasito a pasito he ido cambiando cosas, a medida que mis circunstancias, como tener a mis hijos más mayores e independientes, o incluso mi situación económica, me lo han permitido. Es muy complicado darte una receta universal sobre cómo gestionar el cambio para tener más tiempo para ti. Nuestras circunstancias, concretas y particulares, condicionan cada paso que damos. No es lo mismo la gestión del tiempo de una mujer sin hijos y con un trabajo a jornada completa que la de una madre que está a media jornada con niños pequeños y dependientes, o la mía, que tengo el despacho en casa y cuatro hijos adultos que no me necesitan para comer, cenar, ducharse ni entrar y salir de casa.

Por eso te sugiero cambios pequeños, incluso mínimos, que no te agobien, que puedas encajar en tu agenda. De la lista última que has escrito, quédate con aquello a lo que dedicas tiempo pero que no coincide con los aspectos importantes de tu vida. ¿A qué podrías empezar a renunciar? ¿Qué podrías dejar de hacer, delegar o llevar a cabo de forma más fácil o con menor frecuencia? Piénsalo bien. Estamos tan metidos en nuestros quehaceres diarios que no conseguimos abrir la mente para ver nuestra realidad desde otra perspectiva. Elige una actividad a la que empezar a renunciar, que delegar o facilitarte, y decide qué harás ahora con ese tiempo que acabas de ganar. ¿Descansar, meditar, pasear, cocinar por placer, apuntarte a un curso pendiente, no hacer nada, poner un huerto urbano en tu terraza?

Imagina que has decidido dejar de planchar y que has contratado una tarde de ayuda doméstica a la semana para que te haga toda la plancha. Ya tienes tres horas para ti. O imagina que has decidido dejar tu vida social en la empresa durante la comida para ir al gimnasio que tienes enfrente de la oficina. Puede que seas de esas personas que pierden mucho tiempo arreglándose por la mañana y hayas decidido dejarte la ropa preparada por la noche y así salir antes de casa e ir caminando al trabajo en lugar de coger el coche o el metro. O que hayas decidido cerrar el portátil a las siete de la tarde y no perder tiempo navegando por tiendas de ropa que solo te incitan a comprar, y en su lugar te hayas comprado una novela que hacía tiempo que tenías ganas de leer.

Puede que estos casos no encajen para nada ni con lo que necesitas, ni con tus gustos, ni con tu situación personal. Solo son ejemplos para que des una vuelta a tus circunstancias. Siempre hay algo que se puede hacer, por pequeño que sea.

Un pequeño cambio que yo he introducido en mi vida ha sido poner la consulta en casa y evitarme así todos los desplazamientos. Cuando dejé de tener consulta fuera y la instalé en casa, abrí las puertas de mi despacho a la cocina, que en mi casa es como un *loft*, y así disfruto de escribir, rotular y divulgar mientras veo a mis hijos desayunar. También decidí sacrificar mi momento de desayuno con mi marido para salir a correr y sacar a Vueltas. Ahora me tomo un café unos minutitos con él y me voy a correr. Después de veintiséis años decidí dejar de pasar consulta y dar clases porque necesitaba más tiempo para mi labor divulgativa: libros, televisión, redes sociales, conferencias y obras de teatro. La divulgación se convirtió en algo más importante en mi vida que las clases y la terapia. Hace dos años también reduje el tiempo que dedicaba a ver la tele, contestar al WhatsApp o mirar las redes sociales. Necesitaba leer más ficción, como había hecho toda mi vida, y monté un club del libro. La lectura me fascina, y me enriquece mucho más leer que perderme con un capítulo más de una serie o contestando a los chats. Y, de hecho, cuando viajo, que lo hago mucho, jamás enciendo la televisión en el hotel. Solo leo. Estos son mis cambios más recientes, pero a lo largo de mi vida he ido haciendo muchos más, como ir al gimnasio al mediodía en lugar de descansar y comer, cuando mis hijos eran pequeños y comían en el cole. Ha habido momentos muy duros en los que he tenido que trabajar muchísimas horas y he dispuesto de muy poco tiempo para mí, por no decir ninguno. Pero siempre me repetía que sería temporal, que todo pasaría.

No te agobies si ves que ahora no es posible realizar todos los cambios que te gustaría. Trata solo de no justificarte en tu agobio, tus prisas, tu falta de tiempo. Siempre podemos dar alguna vueltecilla para sacar algún rato para nosotros.

No querría acabar este capítulo sin proponerte un último ejercicio, muy sencillo: haz todos los días algo que te haga ilusión. Por pequeña que sea la actividad, no te acuestes sin haber tenido un momento bonito. Piensa en ese momento del día en el que sueles tener un poco más de tiempo o de calma: ¿por la mañana, por la noche? Y ahora visualiza qué sería ideal poder hacer ahí. Escuchar jazz, salir a pasear, desayunar con calma, comprar flores frescas, quedar con una amiga para tomar algo después de trabajar, hacerte la manicura o un masaje, etc. Algo que te ilusione durante el día. Cuando tengo una jornada de mucho trabajo, en la que he de viajar y vuelvo en el AVE cansada, solo pienso en la ilusión que me hace cenar tranquilamente con la familia y unas velas, reírnos juntos y luego descansar un ratito en el sofá con mi marido viendo un capítulo de nuestra serie favorita. Visualizando esa escena en el AVE consigo que el viaje no sea tan cansino y llegar a casa con más ilusión que cansancio.

Si quieres ponértelo fácil y tener más tiempo para ti, recuerda este resumen para tener clara tu escala de valores respecto al tiempo:

1. Empieza por pensar: ¿esa actividad a la que dedicas tanto tiempo está en el *top ten* de tu escala de valores?

2. Saber qué es importante en nuestra vida nos ayuda a decidir a qué queremos dedicarle tiempo.

3. Invierte tiempo en conocer tus valores; serán tu guía en la vida.

4. Revisa periódicamente si estás viviendo de forma coherente con los valores que has elegido.

5. La gestión del tiempo está muy relacionada con tus valores.

2

PARA LLEGAR A TODO, REVISA TU TODO

El afán de perfección hace a algunas personas totalmente insoportables.

PEARL S. BUCK, premio Nobel de literatura

La sociedad no nos pide cada vez más. Nos lo pedimos nosotros. En este capítulo apelo a una profunda reflexión sobre nuestro estilo de vida, las obligaciones que nos hemos impuesto y cómo nos hemos convertido en víctimas de querer controlarlo todo como símbolo de éxito. Sobre todo, las mujeres.

«Patri, ¿tú cómo haces para llegar a todo?», me preguntan en muchas ocasiones. La respuesta no es sencilla y hay que matizarla. Desde fuera ves a una profesional autónoma que da conferencias; actúa en el teatro; escribe libros; divulga en redes sociales; tiene hijos, pareja, un perro; hace ejercicio de forma regular; lee libros de psicología y ficción; disfruta cocinando y cocina; queda con sus amigas, y hasta duerme y medita. ¡Escribiéndolo, hasta yo pienso cómo lo hago!

Pero el «todo» de cada uno es muy relativo. Porque, además de conocer todo lo que hace esa persona, hay que conocer qué delega, qué deja de hacer, con qué frecuencia hace lo que hace, con qué ayuda cuenta y, lo más importante, con qué nivel de concentración, agilidad, rapidez y resolución gestiona lo que hace.

En un día cualquiera, pongamos uno de esos días en los que viajo a Madrid a dar una conferencia, suelo levantarme temprano: antes de las siete, como todos los días. Si el horario del AVE me lo permite, antes de viajar salgo a correr, me ducho, me arreglo (soy muy rápida vistiéndome porque elijo rápido la ropa y me maquillo rápido —rápido, que no con prisa; es distinto—), desayuno y me voy a la estación. Llego a Madrid, imparto la conferencia y trato de coger un AVE de vuelta. Tengo como hábito no quedarme a compartir comidas ni cenas con las empresas a las que doy charlas. Hago mi trabajo, doy la conferencia y estoy el tiempo oportuno con quien me necesite en el evento, pero no me enredo en otros actos sociales que me quitarían tiempo de estar en familia o tiempo de autocuidado. Para mí este hábito es muy importante. Supone vivir con coherencia respecto a mi escala de valores y lo que es importante en mi vida, mi familia. En el trayecto de ida a Madrid suelo revisar mis correos, echar un ojo a la conferencia que voy a impartir, revisar las redes y, si estoy inspirada, escribir. Escribo contenido para divulgar en las redes o algún artículo pendiente. Y si no me siento inspirada, leo. Intento siempre volver a casa a dormir, salvo que los horarios del AVE sean incompatibles con ello. Y suelo llegar con tiempo, sobre las siete y media u ocho, para hacer la cena y cenar con mi familia. Nos gusta cenar pronto, en torno a las ocho y media. Luego me ducho, veo un ratito la tele y leo en la cama.

Como podéis comprobar, en mi «todo» no he puesto una lavadora ni la he tendido, no he tenido tiempo de meditar ni he limpiado el polvo, tampoco he sacado a mi perro al mediodía ni he ido al supermercado, ni a llevar unos zapatos al zapatero para que los repare. Todo eso lo han hecho otras personas. No he recogido a mis hijos del colegio ni los he llevado a ninguna actividad. Ahora son mayores y lo hacen solos, pero de pequeñitos también tenía que delegar esta función en muchas ocasiones para atender a pacientes en la consulta. Si eres autónomo del sector servicios sabrás que la mayoría de tus clientes, seas abogado, nutricionista, psicólogo, esteticista o médico, te requieren por la tarde, no por la mañana, cuando los niños van al cole y tienes más tiempo. Lo de conciliar siendo autónomo pasa por contar con cuidadores, sobre todo si eres madre o padre separado, como lo fui yo mucho tiempo.

Así pues, para llegar a todo tienes que cambiar tu idea de «todo». Si entiendes que llegar a todo es compaginar la vida profesional de ocho horas diarias como mínimo, las tareas domésticas, el autocuidado, atender a los hijos o a los padres, cuidar a las amigas y quedar con ellas, tener detalles con las personas que te necesitan, estar pendiente de los chats de WhatsApp, acordarte de felicitar los cumpleaños y de tener tiempo para hacer regalos, realizar recados varios como tintorería o reparación de ropa y calzado, llamar a médicos, pasar las revisiones del coche, atender las redes sociales, ver la tele y practicar alguna afición… Ya lo siento, pero tu todo no cabe en el día. Salvo que sacrifiques horas de sueño, con lo que ya te estás cargando el autocuidado. Y ni aun así.

En este capítulo te invito a revisar tu todo para que puedas modificarlo. Porque todo, todo, lo que se dice todo, no cabe en un día de veinticuatro horas, de las que deberías dedicar un mínimo de siete a dormir y descansar. Para revisar tu todo, puedes seguir estos consejos.

Deja de seguir las creencias de personas que restan en tu vida

Restan porque tienen valores que no coinciden con los de tu escala, a pesar de que te quieran mucho. Esas creencias y valores condicionan tu estilo de vida, como algún comentario de tu madre del tipo: «Hija, te vas a cenar con tus amigas cada semana, y los niños qué». Los niños tienen a su padre, a su otra madre o a una cuidadora. Lo que nos han inculcado de pequeños, a pesar de que no lo compartamos, sigue generándonos culpa, y en este caso pesa mucho la idea de que no somos buenas madres o buenas parejas. Esas son las creencias en las que se educaron tu padre, tu madre o alguna amiga. En su momento tenían su porqué o su justificación cultural, pero si tú has adoptado otros valores y creencias para tu relación de pareja, familiar o profesional, trata de ser coherente con ellos. Y piensa que la culpa u otros sentimientos incómodos son fruto del pasado y que es normal que te sientas así por la huella que te han dejado, pero no porque estén justificados ni estés traicionando nada.

Te invito a revisar estas creencias y a decidir con cuáles te quedas y cuáles desechas. Porque será muy complicado que dejes de realizar según qué actividades si *a posteriori* te sientes culpable. Las personas tendemos a huir del malestar. Así pues, te invito a escribir una lista con tus nuevos principios y derechos, decididos por ti o consensuados con tu familia.

Te facilito un ejemplo:

- **Tengo derecho a dedicarme tiempo**. No significa ser egoísta. Significa asumir la responsabilidad de mi autocuidado y mi salud física y mental.

- **Tengo derecho a compaginar mis responsabilidades con mi ocio**.

- **Tengo derecho a no hacer nada y descansar**, no como premio, sino simplemente como derecho.

- **Tengo derecho a desconectar después de mi horario de trabajo** y a no revisar correos a las tantas de la noche.

- **Tengo derecho a descansar el fin de semana** y no estoy obligada a acoplarme a todos los planes de mis amigas.

- **No soy mala madre por querer estar a solas, leer un rato o hacer ejercicio**. No me sobran mis hijos; solo me necesito un rato a mí.

¿Te animas con tu lista de derechos?

No todo puede ser igual de importante

No puedes prestarle la misma atención a todo. Ya lo siento. El nivel de importancia de los asuntos de los que te ocupas se ve sesgado por tu nivel de exigencia y perfeccionismo, que muchas veces te lleva a invertir un tiempo excesivo en actividades que no lo requieren. A este punto de la exigencia le dedicaremos un capítulo más adelante.

La importancia de tus asuntos también se ve sesgada por las batallas que eliges librar: discusiones a veces absurdas con tu pareja por temas del hogar; discusiones con los hijos porque no hacen la cama a la hora en la que a ti te gustaría, o porque apilan la ropa en la silla; discusiones porque la forma de trabajar de tus compañeros no coincide con la tuya; enfados o malestar porque te han puesto el café con leche caliente a pesar de haber pedido la leche fría, o incluso porque en esa cafetería que frecuentas no terminan de traer bebida de avena. Y así un sinfín de ejemplos. Recuerdo una vez en la que tenía una reunión de trabajo en una cafetería de Madrid. La persona con la que había quedado llegó media hora tarde y se disculpó diciendo que se había enfadado muchísimo porque casi le habían rozado el coche aparcando. Al ir a salir con el coche, había alguien aparcando al lado y se había quedado esperando, mirando fijamente por si le daba al suyo. Aunque al final no le rozó, a ella le pareció que tenía que llamarle la atención pidiéndole que tuviera más cuidado la próxima vez porque podía dañar el coche de alguien. La otra persona debía de tener el mismo talante discutidor que ella, y se enfadaron por un quítame allá esas pajas que no condujo a nada. Bueno, sí, le hizo llegar tarde a la reunión conmigo. Si esta señora, en su vida diaria, se enzarza en discusiones por todo lo que cree injusto, por lo que desencaja con ella, debe de perder muchísimo tiempo, hacer perder el tiempo a otros y desgastarse a nivel emocional.

Ya lo siento, pero no todo es igual de importante, así que no a todo puedes dedicarle el mismo tiempo. Esa discusión, la del coche, era absurda. No iba a cambiar ni a aleccionar a nadie. ¡Cómo vas a llegar así a todo! Imposible. Acabas de dejarte tu media hora de meditación o de lectura en una discusión absurda por un aparcamiento de la que ni siquiera has salido victoriosa.

La idea de decidir qué es importante no solo atañe a discusiones o relaciones con otras personas; también a actividades que realizas a solas. Tus cajones no tienen que estar perfectos: no estás en la mili. Nadie te los va a revisar. Nadie te juzgará porque un calcetín rojo se haya mezclado con el azul. La casa no tiene que estar recogida como si tuvieras un TOC. Tu hija no tiene que llevar la raya del pelo perfecta. Y no pasa nada por salir un día con una prenda un poquito arrugada. El mundo sigue funcionando igual. Tampoco se hundirá la nutrición de tus hijos si un día, de forma ocasional, les das salchichas.

A continuación te invito a detectar esas batallas a las que das importancia y que reconoces que no necesitan tanta atención por tu parte. Muchas veces esto implica ceder, hacer concesiones, dejar estar y convivir con un ligero malestar. Y no pasa nada.

Puedo compartir contigo algunos cambios que he ido trabajándome desde hace años en mi lista de aquello que ha dejado de ser importante:

- Que mis hijos se hagan la cama. Dejé de pedírselo. Dos de ellos se la hacen; los otros dos no. He decidido dejar de desgastarme con este tema.

- Sentirme molesta o incómoda cuando alguien llega tarde a un encuentro de trabajo. Simplemente me recuerdo, por ejemplo, que para esa reunión tengo asignada en mi agenda media hora y que, si la otra persona llega diez minutos tarde, nos hemos quedado solo con veinte minutos de reunión.

- Llevar las cejas perfectamente depiladas. Voy a depilármelas una vez al mes; antes iba cada dos semanas. Y me da lo mismo si están más pobladas o menos.

- Tener cenas cocinadas todos los días. Ahora son muchos los días en los que hay jamón y tostadas. Y fruta. Y va que chuta.

- Querer cumplir con el yoga regularmente cada semana. Es un objetivo que llevo arrastrando desde hace tiempo. Igual hago yoga una vez al mes o dos.

- Dejar de escribir en varios medios de comunicación con los que colaboraba mensualmente. No llego a todo, lo siento. Tuve que decantarme por otras actividades profesionales, como mis obras de teatro.

- Comprar siempre los productos frescos en el mismo comercio, como mi carnicería, pescadería o frutería de confianza. Cuando me coge de paso otro comercio, compro ahí. Igual no me ofrece la misma calidad, o sí, pero no pierdo tiempo en desplazamientos. Quizá este punto parece una chorrada, pero para mí suponía incluso una falta de lealtad. El valor de la lealtad es muy importante en mi vida y me sentía fatal cuando entraba en otros comercios. Así pues, cambié mi creencia. Y la lealtad se la debo a mi tiempo, que es valiosísimo.

Y, como estos ejemplos, creo que tengo muchísimos más. Te aburriría con todo lo que he decidido ir cambiando, abandonando, delegando. Son cosas que dejaron de ser importantes para mí. Y muchas de ellas tuvieron que pasar previamente por el punto anterior, el del cambio de creencias. Ahora te animo a escribir tu lista.

Deja de controlar tu vida y la de los tuyos

El control nos da mucha seguridad. Muchas veces nos permite anticiparnos a situaciones y, con ello, prevenir peligros o incomodidades. Hemos convertido el control en la máxima de la responsabilidad, y así hemos aprendido que, cuando tratamos de controlar algo, estamos ocupándonos de ello, lo que equivale a ser responsables. Sin embargo, la mayoría de los acontecimientos a nuestro alrededor no están bajo nuestro control. Y es aquí donde perdemos tiempo en asuntos que no dependen de nosotros. No solo perdemos tiempo; también perdemos salud mental. Porque, tratar de controlar lo que no es controlable te genera ansiedad y frustración.

Puedes controlar que tus hijos se lleven un chubasquero en la mochila si el día amenaza con lluvias, pero no que se acuerden de ponérselo cuando están de excursión. Tampoco puedes controlar que tu amiga, la que se acaba de separar, aprenda pronto a vivir sola, ni que tu madre se tome la tensión todos los días, ni que ese compañero de trabajo que habla de malas maneras y se muestra cada día malhumorado ponga de su parte y sea amable, sonriente y compasivo; tampoco que el tiempo acompañe el fin de semana para salir en bici ni que tu marido no sufra con un jefe tirano que tiene. Querer controlar lo que no está bajo nuestro control conlleva mucho desgaste psicológico y pocas soluciones.

Cuando les sugería a mis pacientes que debían intervenir para dejar estar esas ideas y, con ello, abandonar el control y poner la atención en otros asuntos, la respuesta casi siempre era la misma: «Pero ¿cómo voy a dejar de ocuparme de estos temas que son tan importantes para mí?». Y mi respuesta es sencilla: «Porque lo que importa no es la relevancia del problema para ti, sino tu capacidad para solucionarlo». Tienes que aprender y permitirte, sobre todo permitirte, que el tiempo los resuelva o que cada persona gestione lo que es su responsabilidad. O dejar que el devenir de la vida vaya dando los pasos oportunos. Te pongo un ejemplo tonto. Hoy es 7 de agosto para mí, que estoy escribiendo este capítulo. Imagina que hoy compro un boleto de lotería de Navidad y que estoy muy esperanzada con que me toque el gordo porque necesito ese dinero. ¿Me va a tocar antes del 22 de diciembre por mirar cada día el número y desearlo? No. El sorteo es el día 22. Punto. Pues lo mismo ocurre con la fecha de tu analítica de sangre, el examen de oposición que tienes dentro de seis meses, el tiempo de reflexión que te ha pedido tu pareja o con lo que tarde tu hijo en resolver el duelo por su separación. No eres protagonista de ninguna de estas cuestiones, a pesar de su importancia en tu vida. No puedes hacer nada por ellas. He escrito ampliamente sobre cómo tener la mente en control (o, mejor dicho, en descontrol), sobre cómo aprender a dejar estar estas preocupaciones, en dos de mis libros anteriores, *Cuenta contigo* y *Vivir con serenidad*.

A continuación te animo a elaborar una lista de los temas que sueles rumiar o de las personas, momentos y trabajos que sueles controlar pero que están fuera de tu control.

Esta es la lista de una paciente de hace varios años. Ella se comprometía con estos objetivos:

- Dejar de llamar tres veces a mis hijos cuando quedan con sus amigos.
- Dejar de llamar varias veces al día a mis padres para ver si están bien.
- Dejar de revisar las cuentas con mi hermana pequeña porque, en lo tocante al dinero, parece que tenga agujeros en las manos. Este tema me pone negra, pero solo me genera conflictos con ella. Siempre viene a pedirme ayuda cuando se ha metido en un embolado económico.
- Dejar de revisar los números de teléfono de las facturas de mi marido. Hace años superamos juntos una infidelidad y no me quito ese tema de la cabeza.
- Dejar de dar vueltas a la salud de mis padres y pensar cuánto les queda y qué será de mi vida sin ellos.
- Dejar de querer anticiparme a las equivocaciones que pueden vivir mis hijos con la elección de sus estudios. El mayor quiere ser cocinero, y no hago más que machacarlo con que se va a morir de hambre y que es un trabajo muy sacrificado.

- Dejar de pensar en el futuro económico. Doy muchísimas vueltas a la jubilación de los dos y a si nos llegará para vivir tranquilos.

Ahora es tu turno: ¿te animas a poner por escrito aquello a lo que no vas a dedicarle más atención?

O Juan o Juanillo

Si tienes una profesión remunerada fuera o dentro de casa, no puedes compaginarla con todas las labores domésticas y familiares. Alguna actividad tendrás que delegar. El reparto de las tareas domésticas es uno de los motivos principales por los que terminan separándose muchas parejas. Contratar ayuda doméstica, ya sea diaria, tres veces a la semana o dos veces al mes, puede ser un alivio y mejora muchísimo la relación de pareja y de familia, así como tu propio descanso y autocuidado. No escatimes en este punto. A veces ahorramos en nuestro propio descanso, pero no en un teléfono de ultimísima generación.

Haz cuentas. Si vives al día y crees que no te llega para este tipo de alivio, piensa si puedes renunciar a otra partida económica y destinar ese dinero a ayuda. Aunque sea para una limpieza a fondo una vez a la semana.

A muchas mujeres, más que a los hombres, la idea de contratar ayuda doméstica les parece una debilidad. Ellas quieren poder con todo. Sienten que no son capaces de hacer lo que hacía su madre, pero seguro que esta tenía otras circunstancias e incluso otros valores y prioridades. El mundo actual es mucho más exigente y agotador que el de la mayoría de nuestras madres, empezando porque no vivían con la inmediatez del correo, los chats, las exigencias de la lactancia, las bajas por maternidad, el yoga, el pilates, la meditación… Tenían un ritmo de vida más tranquilo, más de estar en el presente, a pesar de que muchas trabajaban de sol a sol. También existía una cultura más familiar. Se ayudaban mucho en familia. Vivían cerca de los padres y abuelos. Contaban con la confianza de la ayuda de los vecinos. Había más tribu y sentimiento de pertenencia. Hoy muchas parejas viven en ciudades distintas a las de sus padres o amigos de la infancia. Se encuentran solas, sin ayuda familiar. Y les cuesta contratar asistencia doméstica o cuidadoras. Hay parejas que incluso lo ven como un lujo clasista, como si no tuvieran derecho a un respiro. Van agotadas, haciendo malabares para llegar a un todo que las tiene asfixiadas. Y la factura de este ritmo asfixiante no solo es el cansancio físico y mental; muchas de estas parejas terminan divorciadas. La culpa no es de los hijos, que ahora dicen que desunen más que unen. Muchas veces la culpa es de no haber dicho: «Hasta aquí; no puedo con todo, necesito ayuda». Pide ayuda. Tienes derecho a no tener que compaginarlo todo.

Así que, por favor, no te compares con cómo trabajaban antes tus padres, porque no vivimos de la misma manera. Trata solo de ver lo desbordada que vas tú y de buscar solución a este síndrome de la vida ocupada, provocado por querer estar en todo, por ir corriendo a todo para poder abarcarlo y, a pesar de eso, tener la sensación de que la vida se te hace bola y de que no llegas a nada.

Entiendo que, si has decidido renunciar a tu trabajo para ocuparte de la casa y de la familia, seas hombre o mujer, no desees contratar a nadie. Pero si aun así puedes permitírtelo, hazlo. Y deja de juzgarte por buscar tiempo y calidad de vida.

No puedes estar en el gimnasio y en el cóctel de la empresa, escuchar todos los pódcast interesantes, no perderte la actualidad nacional, estar al corriente de todo lo que les pasa a tus amigas o querer llevar la medicación de tus padres. A algo tienes que renunciar. El FOMO (del inglés *fear of missing out*, «temor a perderse algo») no solo es aplicable al mundo tecnológico. También es aplicable a la vida cotidiana. Hay personas a las que se les presentan varios planes interesantes y quieren estar en todos. No es posible. No eres omnipresente. No tienes la capacidad de la bilocación.

No puedes quedar bien con todo el mundo, si por quedar bien entendemos aceptar todos los planes que te propone tu entorno. Tu círculo lo entenderá. Y si no lo entiende, no es problema tuyo. Es un problema de quien no empatiza contigo cuando decides no participar en un plan incompatible con otros o con tus necesidades y prioridades en ese momento.

Tampoco puedes sentir angustia por faltar a un plan, creyendo que estás perdiéndote algo importante en la vida. Hay personas que quedan para asistir a dos cumpleaños en el mismo día. Se van de uno corriendo para no fallar al otro o para no perderse el jolgorio de ninguno. Elige, decide dónde quieres estar, y deja ir aquello a lo que renuncies. Ya asistirás el año que viene o en otra ocasión. Para estar en todo, hay otros todos que debes desatender.

Tus hijos tampoco necesitan que los estreses con muchas actividades

Tus hijos necesitan jugar y descansar. Mis hijos no tocan el violín (tampoco es que tengan un oído muy fino ni especial talento para la música), ni hablan chino, ni son deportistas de élite. Volvían del colegio sobre las cinco, y para mí era importante que se acostaran pronto, en lugar de que anduvieran agobiados volviendo de un entrenamiento a las diez de la noche. Quería que hicieran sus deberes tranquilos, merendaran y tuvieran tiempo para jugar, leer y descansar. Han practicado los deportes que ellos han elegido, como cuando Carmen eligió hacer rítmica o bailar flamenco. Pablo escogió la esgrima, y también probó con el fútbol, el fútbol sala y el rugby. Fueron a entrenar mientras les apeteció y, cuando se cansaron, los apoyé para que lo dejaran. Seguí apoyándolos cuando me dijeron que querían clases de dibujo, y volví a apoyarlos cuando decidieron dejarlas. Siempre me ha gustado que elijan, que exploren nuevas facetas en su vida, pero que no se agobien. Bastante cansino es el año escolar, con esas jornadas interminables desde las nueve de la mañana hasta las cinco de la tarde. He tratado de despertarles el gusto por la lectura y lo he conseguido. Los fines de semana los he llevado a museos, sobre todo al museo de las ciencias. He intentado que tengan inquietudes, pero a su ritmo. Y al final han terminado sus estudios bien, han elegido sus carreras universitarias, practican deporte de forma regular y leen muchísimo. Son cultural y políticamente inquietos. Tienen pensamiento crítico y aficiones. Se relacionan bien y son «normales», siendo «normales» un término que no me gusta utilizar.

Estresar a tus hijos con actividades extraescolares lleva a retrasar todo: deberes, cenas, horas de acostarse. También implica que tú te estreses yendo y viniendo, te acuestes también tarde y no tengas un ratito para tu pareja y para ti después de acostar a los niños.

No sé si los niños que hablan chino, tocan el trombón y hacen papiroflexia son más inteligentes, pero seguro que duermen y descansan menos que otros niños con menos actividades. Y el descanso y el sueño, sobre todo en la etapa de la niñez y la adolescencia, es fundamental para el estado de ánimo, para la maduración del cerebro y para tener energía, atención y concentración durante el día.

Recuerda: para poder llegar a todo, hay muchos todos a los que debes renunciar. Solo se sale de esto, en primer lugar, cuando se tiene el firme propósito de abandonar este ritmo de vida y se elabora un plan. Y, en segundo lugar, cuando se prioriza y se hacen renuncias. Al priorizar, decides qué posee valor en tu vida y a qué deseas dedicarle tiempo. Y al renunciar, haces hueco a tus prioridades y al sosiego. Porque no se trata de sacar solo para meter, sino también de dejar espacio, tiempo, para que lo que tienes ahora pueda realizarse desde la calma, sin ir con prisas todo el día.

Si quieres ponértelo fácil y tener más tiempo para ti, recuerda este resumen para poder revisar tu «todo»:

1. Empieza por pensar: ¿esa actividad a la que dedicas tanto tiempo está en el *top ten* de tu escala de valores?

2. Deja de seguir las creencias de personas que restan en tu vida.

3. No todo puede ser igual de importante.

4. Deja de controlar tu vida y la de los tuyos.

5. O Juan o Juanillo.

6. Puedes perderte cosas... La vida sigue igual.

7. Tus hijos tampoco necesitan que los estreses con muchas actividades.

8. Para poder llegar a todo, recuerda: ¡hay muchas cosas a las que debes renunciar!

3

PUNTUALIDAD

> Llegar tarde es una forma de decir que tu
> propio tiempo es más importante que el
> tiempo de la persona que te espera.
>
> KAREN JOY FOWLER

La puntualidad es innegociable en mi vida. Me parece un signo de respeto hacia los demás y hacia mí misma. Puntualidad también equivale, en mi escala de valores, a formalidad, profesionalidad, responsabilidad, organización, empatía, educación, consideración y credibilidad. No espero que los demás sean puntuales conmigo, pero yo siempre trato de serlo con mis compromisos. La mayoría de las veces no me molesta que alguien llegue tarde, ni que me atiendan después de la hora concertada en el médico, por ejemplo. Entiendo que no todo el mundo da la misma importancia que yo a la puntualidad, así que intento ser flexible y adaptarme a la escala de valores de otras personas. Cuando alguien se retrasa en un compromiso conmigo, utilizo ese tiempo muerto para leer (siempre llevo un libro en el bolso) o para contestar mensajes y comentarios en mis redes sociales. Pero yo nunca me permito llegar tarde. Incluso saliendo tarde, suelo llegar a la hora.

En casa he sido poco estricta en la educación de mis hijos, menos con la puntualidad. Tanto mi marido como yo somos muy puntuales y hemos tratado de inculcarlo a nuestros hijos. El tiempo es el bien más preciado. No puedes jugar con el tiempo de los demás, no deberías malgastar este regalo. Y nosotros hemos querido que nuestros hijos sean respetuosos con el tiempo de los demás.

Para mí, la puntualidad es una de las máximas de la gestión del tiempo. Cuando cumples con los horarios, consigues gestionar los siguientes compromisos de tu agenda en el tiempo acordado. Pero en el momento en el que empiezas a acumular retrasos se desbarajusta el resto del día, propio y ajeno. Nunca he entendido lo de los cinco o diez minutos de cortesía. ¿Qué cortesía? Cortesía es la que se debería tener hacia las personas que se organizan y gestionan su tiempo y otros compromisos para estar a la hora acordada. Eso es cortesía, respeto y educación. Lo demás son excusas. No digo que nadie pueda quedarse tirado por una avería del coche. Pero que por norma general existan minutos de cortesía no me entra en la cabeza. Es más, es una manera de reforzar la conducta impuntual.

La mayoría de las personas impuntuales suelen apostillar que les es imposible, que por más que lo intentan no consiguen llegar a tiempo, que es superior a sus fuerzas. Para este tipo de personas el «por más que lo intento» hace referencia a los últimos pasos que dan una vez que cierran la puerta de casa o de la oficina. Entonces les entra la prisa, caminan corriendo, conducen pitando a todo el mundo, se estresan y piensan que eso es hacer todo lo posible. Incluso buscan reafirmarse en otras personas preguntando: «¿A que sí que hemos corrido?». Sí, has corrido, pero cuando ya no tenía solución. Correr como pollo sin cabeza cuando ya es imposible llegar a tiempo solo pone en peligro tu vida y la de tu acompañante, y te altera las emociones. La puntualidad se inicia con la planificación, no con los metros finales antes de la cita.

Nadie nace siendo puntual o impuntual. Es algo en lo que te educas y entrenas. Para ello tienes que considerar la puntualidad como un valor importante en tu vida. Querer ser puntual es un gesto de amor y consideración hacia otra persona. Y si eres de esos que no se organizan, que no saben en qué se les escapa el tiempo, que infravaloran cuánto rato necesitan para algo y llegan tarde, te diré que será complicado que gestiones bien tu tiempo y tengas momentos para todo hasta que no consigas educarte en ser puntual.

Te animo, en un primer ejercicio, a reconocer en qué pierdes el tiempo cuando llegas tarde, porque puede que ahí estén las soluciones. A la mayoría de las personas impuntuales les ocurre lo siguiente:

- **Infravaloran el tiempo que necesitan para desplazarse y arreglarse.** Cuando planifican, imaginan un tiempo ilusorio e irreal para la actividad que tienen pendiente. Pecan de un exceso de optimismo en cuanto a sus capacidades para gestionar ese momento. Y a pesar de que por norma llegan tarde, siguen cayendo en ese error una y otra vez. Les cuesta elegir la ropa, se cambian varias veces, tardan en encontrar las llaves antes de salir, no cuentan con el tráfico ni con los retrasos de los transportes públicos, se enredan con una llamada de última hora, etc. Para estas personas, el espacio temporal de cinco minutillos abarca desde diez minutos hasta cuarenta y cinco.

- **Tienen un exceso de compromisos, actividades,** etc. Ya lo comentábamos en el capítulo anterior. Hay personas que desean atender tantas cosas en su día a día que se les hace imposible llegar a todo, y mucho menos a la hora.

- **No entienden la puntualidad como algo importante.** Puede que estén disfrutando mucho de un momento y decidan que ese momento vale tanto que merece la pena llegar tarde al siguiente compromiso. Es decir, no les importa ni avergüenza llegar con retraso. Se disculpan, echan una sonrisa, y aquí paz y después gloria.

- **Se dispersan mentalmente, no se concentran y pierden más tiempo del que pensaban.** Se desconcentran; se enredan mirando las redes sociales, navegando por internet, llamando a alguien. Son personas que están distraídas.

- **No cuentan con circunstancias del día a día en la gestión del tiempo.** No piensan en el tráfico, ni en la posibilidad de que haya cola a la hora de pagar el aparcamiento, de que se les escape el tranvía o de que tarden en atenderlos en una tienda, el banco o el trámite que sea. Ellos gestionan el día como si todo fuera a salir perfecto, como si no hubiera obras, tráfico, colas, etc. Si hay cualquier dificultad es una excusa, en lugar de entender que se trata de las circunstancias normales del día a día y que estas incomodidades, que no son excepcionales sino rutinarias, también hay que preverlas en la gestión del tiempo.

- **Postergan, retrasan** y hasta que no se ven al borde del abismo no se ponen con lo pendiente. Y eso suele generar cuellos de botella y retrasos.

- **La falta de ilusión y motivación** también son factores importantes. No les motiva levantarse de la cama, arreglarse; incluso puede que les dé pereza levantarse del sillón aun habiendo quedado con amigos. Salir de la zona confortable les supone un mundo. Se ponen cinco alarmas por la mañana. Y se levantan a la quinta después de haber dado veinte vueltas más.

- **Carecen de orden.** Una mesa de trabajo desordenada, una casa desordenada o una vida desordenada nos roban tiempo. Si vas a salir de casa y no encuentras las llaves, el móvil, la cartera, los papeles que querías llevarte o lo que sea, llegarás tarde.

A continuación te facilito lo que necesitas para convertirte en una persona puntual. No es tan complicado; solo requiere entrenamiento.

Para ser puntual necesitas intención y atención

Algunas personas impuntuales no dan importancia a la impuntualidad, y puede que hasta les haga gracia. Algunas incluso ven como un atractivo que se las espere, como si fueran la novia en las bodas. Este motivo puede reflejar una personalidad narcisista. Sin embargo, lo cierto es que a la mayoría de las personas impuntuales les molesta serlo y les gustaría poder llegar a la hora. Pregúntate si de verdad deseas llegar a la hora o si, por el contrario, no te molesta llegar tarde. Si deseas convertirte en una persona puntual, plantéate cuáles son los beneficios de serlo. A mí se me ocurren muchos:

- **Ganarte el respeto de los demás.** Un profesional impuntual desespera y da una imagen de desorganización. Podemos interpretar que, si no es capaz de llegar a su hora, quizá tampoco sabe organizarse bien con los asuntos que tiene que tratar.
- **Sentirte bien contigo mismo.** Llegar a la hora y no retrasar a los demás hará que te sientas bien contigo mismo. Y si no es así, hay que hacérselo mirar, porque demuestra falta de empatía y respeto.

- **Los valores.** La puntualidad conlleva ser generoso, responsable, organizado, disciplinado; valores importantísimos para relacionarnos con los demás y para trabajar.

- **Ganar serenidad.** ¿No sientes que ir corriendo a todos lados, mirar el reloj y ver que llegas tarde te quita serenidad y te genera ansiedad? Muchas personas impuntuales dicen sentirse estresadas todo el día.

- **Evitar un clima conflictivo.** En cuanto te retrasas, generas un clima de tensión. Llegar tarde condiciona el encuentro, porque el enfado que produce en el que espera no desaparece en el instante en el que llegas, sino que suele perdurar. Y con ello el cliente, el paciente, la pareja o los amigos dejan de disfrutar y centrarse para estar pensando en los motivos por los que has faltado al respeto a su tiempo. Puede que los amigos lo aguanten, pero si es un cliente o una relación profesional, tal vez termines perdiéndolo. Y cuando esa persona hable de ti como profesional, siempre lo asociará con la informalidad y la dejadez. El hecho de esperar a otra persona suscita juicios de valor, y si se trata de trabajo te pones en contra a las personas que esperan.

Elabora un plan en función de tus circunstancias impuntuales

¿Te has visto identificado con alguno de los motivos por los que alguien llega tarde? Cada motivo puede guiarte en la búsqueda de soluciones. Veamos las causas de la impuntualidad y cómo podemos ponerle remedio.

- **Infravalorar el tiempo que necesitas.** Te invito a poner un cronómetro para medir el tiempo que empleas en cada actividad que te
hace llegar tarde. Está demostrado que, por lo general, las personas impuntuales estiman peor el tiempo. Se realizó un ejercicio con
cronómetro en el que se pedía a los participantes, divididos en
puntuales e impuntuales, que leyeran un texto y pararan el cronómetro cuando estimaran que llevaban un minuto leyendo. Resultó
que las personas puntuales solían parar el cronómetro alrededor
del segundo 58, y los impuntuales, de media, en el 77. Las personas
impuntuales miden el tiempo subjetivo de forma distinta. Así pues,
te animo a que durante dos semanas midas el tiempo real que
necesitan tus actividades diarias: arreglarte, desplazarte, hacer
la comida, comer, ir al gimnasio y volver, llevar a los chicos a alguna actividad, asistir a una reunión... Te darás cuenta de que se tarda
más de lo que sueles prever, y por eso se te acumulan los retrasos
de esas actividades a lo largo del día.

  Una vez que tengas cálculos objetivos del tiempo que requiere
cada actividad, por favor, planifica tu agenda en función de esos
tiempos. Es decir, si necesitas veinticinco minutos para asearte y
vestirte, y tienes que salir de casa habiendo desayunado a las ocho,
no puedes levantarte a las siete y media, sino que debes levantarte,
como mínimo, a las siete y cuarto.

- **Exceso de compromiso y actividades.** Ya hemos hablado en los
dos capítulos anteriores de que hay que dar importancia a los asuntos que son esenciales en tu escala de valores, y de cómo elegir
prioridades y necesidades para que tu «todo diario» resulte abarca-
ble. Sería interesante hacer hincapié en la necesidad que puedas
tener de participar en todos los planes que te proponen, ya sean laborales, familiares o sociales. Igual eres de esas personas que

asocian que más es mejor, o que entienden que hacer muchas cosas y estar siempre ocupadas es sinónimo de éxito. De hecho, nos hemos educado pensando que descansar en un sillón es de vagos. Desde pequeños hemos escuchado en casa frases míticas como «Deja de hacer el vago y ponte a hacer algo» o «Estás todo el día tirado; ponte a hacer deberes, ayuda en casa, haz algo». No hacer nada es sinónimo de perder el tiempo, de no ser productivo, de ser irresponsable u holgazán. Y hemos convertido la productividad en la máxima de nuestra vida. Hay que estar siempre haciendo algo; que se vea que somos útiles. Así, solemos llenar de más nuestra agenda, presumir de ello con nuestros familiares y amigos, y, cuando nos preguntan cómo estamos, la respuesta es: «Chica, corriendo de un lado para otro con mil temas; estoy muerta». ¿Conoces a alguien que, cuando lo llames y le preguntes «¿Qué haces?», te conteste: «Nada, no estaba haciendo nada»? Seguro que no. Te dejaría completamente desconcertado. Igual hasta te daría miedo y colgarías el teléfono pensando que han usurpado la personalidad de tu interlocutor.

¿Cómo vas a ser puntual si una actividad se te solapa con otra? Es imposible; a mí también me ocurriría. Y no solo llegas tarde, sino que también llegas estresado, agotado y a veces irritable. La solución es clara: pasa por descongestionar tu agenda. Necesitas planificar de forma razonable, y eso implica renuncias. Sobre la gestión de la agenda hablaremos en otro capítulo, pero puedes empezar por sentarte contigo mismo unos minutos el fin de semana, revisar la semana día por día y anotar todo lo que tienes, no solo en materia laboral, sino también personal y de cualquier otra índole. Cuando digo todo, es todo, incluso las llamadas y los recados. Y valora, desde la objetividad de cómo se mide el tiempo, tal y como hemos descrito en el punto anterior, si los compromisos diarios te caben en el día. Si no es así, a algo tienes que renunciar o delegar. No hay más truco, ya lo siento.

Y no, no eres mejor persona, ni hija, ni madre, ni amiga por estar presente en los planes de todo el mundo. Tú has acostumbrado a la gente a tu ritmo, y ahora tendrás que acostumbrarla a tu necesidad de tiempo y descanso.

- **No entender la puntualidad como algo importante.** No valen excusas como que la gente puntual es inflexible, no sabe disfrutar de la vida o no tiene esa chispa o espontaneidad. Estas son las ocurrencias justificativas de quien no hace por respetar el tiempo de los demás. Las razones por las que es importante llegar a la hora acabamos de trabajarlas en este capítulo. Si ninguna te convence, simplemente hazlo por los demás. Para que no te esperen, por respeto. Y porque en esta vida a veces tenemos que comportarnos en función de lo que la comunidad precisa de nosotros, no de lo que queremos. No necesitas perder mucho tiempo más para convencerte. Hazlo por evitar conflictos con otras personas y porque los demás requieren tu puntualidad.

- **Falta de atención y de foco.** Las circunstancias actuales debidas a la tecnología dificultan mucho nuestra capacidad de atención. Tenemos la distracción al alcance de la mano. Cada vez que te distraes, tardas en recuperar la concentración que tenías, y esto va retrasando el tiempo asignado a otras tareas. No solo lo retrasa, sino que facilita cometer más errores y desconectarse de lo que se está haciendo. Entrenar la atención es tan vital hoy en día que le dedicaré más adelante un capítulo. Por ahora te animo a quitar los distractores de en medio y a centrar toda tu atención en una actividad durante el tiempo que habías decidido dedicarle. Si por distraerte con otros temas terminas alargando el tiempo inicial de esa actividad, ya llegas tarde a la segunda. Y aunque esa segunda actividad sea a solas contigo, como salir en bici o hacer pilates en casa con un vídeo de YouTube, también estás siendo impuntual. Educarte en la puntualidad incluye ser puntual contigo.

- **Tu planificación no es perfecta; siempre hay factores que la retrasan.** Si tú calculas que tienes que salir a las ocho y media porque los niños empiezan las clases a las nueve y tardas media hora en el trayecto, ya tienes un problema. Puede haber más tráfico del habitual, puede que no encuentres aparcamiento fácil para dejar a los niños... Si empiezan a las nueve quiere decir que deberían entrar a menos cinco al colegio para tener tiempo de sentarse, sacar el material y evitar correr como locos para no llegar tarde a clase. Sal diez minutos antes; así irás sin prisa, hablando tranquilamente con tus hijos, sin sufrir porque algún problemilla eche al traste tu ajustado cálculo del tiempo, y podrás darles un beso y salir hacia el trabajo con serenidad. Lo demás es un infierno: ir corriendo, tocando el claxon, pidiendo a los niños que desembarquen del coche como si fueran geos porque llegan tarde a clase, y presentarte de los nervios en el trabajo. Puede que incluso sigas acumulando tráfico y entres tarde a una reunión y te justifiques con un «Menudo caos esta mañana, un tráfico horrible, no había manera de llegar». ¿Crees que a alguien le importa esa excusa? A nadie. Todos te estaban esperando y han tenido que vivir el mismo caos que tú, pero se han organizado para salir esos diez minutos antes y tener un margen de error. Cuenta siempre con un bonus de minutos extra que cubran las vicisitudes que puedan surgir. Y si luego te sobran esos minutos, te tomas relajadamente un café y no haces nada, que tu cerebro te lo agradecerá.

- **El postergar se va a acabar.** Postergar es una de las conductas más absurdas del ser humano, y aun así lo hacemos todos. Nos produce un alivio momentáneo no tener que ocuparnos de algo que nos genera malestar. Pero cada vez que postergamos se incrementa nuestro malestar, y esto no hace más que retrasarnos en la propia tarea y en otras. Postergar es absurdo, porque tarde o temprano tenemos que hacer eso que no nos apetece hacer. Más adelante hablaremos largo y tendido sobre personas procrastinadoras y cómo dejar de serlo. Por ahora te sugiero algo muy sencillo: si estás procrastinando algo de lo que tienes que ocuparte tú sí o sí, hazlo. Si te da pereza, hazlo. Si te aburre, hazlo. Si te parece complicado, hazlo. ¡Qué más da! Si vas a tener que hacerlo sí o sí.

- **Revisa si estás viviendo la vida que te gustaría vivir.** Si eres de esas personas que llegan tarde porque les cuesta arrancar, porque solo de plantearse el día que tienen por delante se quedan más tiempo en la cama, tienes que hacerte un planteamiento de vida. Podemos atravesar una época de estrés, de puntas de trabajo, de problemas personales, pero estos no pueden convertirse en una rutina, como si estar estresado fuera algo normal. Estas circunstancias son temporales, puntuales. En cuanto llevas un tiempo con la sensación de que no te apetece levantarte de la cama, de que el día se te atraganta, de que estás sin vitalidad, con apatía, tienes que escucharte y elaborar un plan para cambiar, empezando por pedir cita a un psicólogo que te ayude a tomar perspectiva y decisiones. Porque, aunque te parezca mentira, muchas personas terminan convirtiendo esta zona de apatía y estrés en su zona confortable. Lo normalizan, piensan que todo el mundo vive y siente igual, y desde esa normalización es complicado tener la sensación de que necesitas un cambio. Pide una opinión distinta a la tuya. Busca los motivos por los que no deseas ir a trabajar o quedar con gente. Busca qué hace que salgas con retraso de la cama, de tu casa, de tu zona.

Mientras encuentras respuestas al dilema de por qué te cuesta salir de la cama y por qué te sientes desmotivado, te animo a no demorarte cuando suene una alarma. La idea de postergar la salida de la cama enlentece todo lo demás.

- En cuanto a la **falta de orden**, deja un punto de encuentro de llaves, móvil, cartera y bolso cerca del lugar de salida. Lo mismo con tu mesa de trabajo.

Márcate el propósito de llegar diez minutos antes

Es preferible que esperes tú a que tengan que esperarte los demás, por lo menos hasta que aprendas a gestionar tu tiempo. Cuando hayas conseguido este logro, puedes proponerte llegar cinco minutos antes, y posteriormente, dos minutos antes. Así no fallarás nunca.

Si eres olvidadizo, ponte alarmas o anótate las cosas en la agenda

La memoria de trabajo, también conocida como memoria a corto plazo, da para lo que da. Si abusas de su capacidad de recuerdo, olvidará temas que tendrá que atender fuera de horario y le desorganizarán lo que tenía en ese momento. Yo no seguía la rutina de ponerme protección en la cara antes de salir a correr, ni de llevar gafas de sol. Mi propósito cada día era hacerlo, pero se me olvidaba. No sabía ni dónde estaba la crema. Así que monté un punto de encuentro de running. Y en esa cesta están la protección, el espray antimosquitos, las gafas de sol y un gel recuperador para cuando hago tiradas largas. Porque, si me olvidaba, cuando ya llevaba quinientos metros corriendo y me daba cuenta, tenía que volver y se me retrasaba la mañana.

Lleva reloj

El móvil ha sustituido al reloj de muñeca, pero es más fácil mirar la hora en la muñeca que sacar el teléfono del bolsillo o del bolso.

De todas estas sugerencias de cambios para conseguir ser puntual, te animo a elegir solo una. Trabaja los cambios de uno en uno; no te pongas con todos a la vez. Ve despacio.

La puntualidad no es un problema único de quien es impuntual. Afecta a otras personas, a la calidad del trabajo, a los vínculos. El impuntual termina disponiendo del tiempo de los demás. Retrasa la planificación que tenía cada uno y obliga a hacer cambios en la agenda de otras personas. Y contagia a los demás. ¡Total, para llegar a la hora y que falten algunos, para eso me retraso yo también!

Si convives o tienes que relacionarte con personas impuntuales, estos consejos pueden ayudarte a no desesperarte y reeducarlas:

- Si no se trata de una persona habitualmente impuntual, sé compasivo. A ti también te puede pasar. Hay personas que llegan tarde una vez en su vida y otras que lo tienen por costumbre. Ayúdala con tu ánimo a que no se sienta mal por llegar tarde y di que la entiendes.
- Si se trata de una persona impuntual por costumbre, debes hacerle saber que te molesta esperar y pedirle que por favor avise si va

a llegar tarde. Así podrías disponer de tu tiempo y aprovecharlo mientras llega.

- Si a pesar de avisar de tu malestar, la persona sigue llegando tarde, avísale de que te irás, que no la esperarás o que la reunión empezará a la hora acordada.

- No refuerces su conducta. Se empieza la reunión, se empieza a cenar, se decide ir al sitio que sea, se entra al cine y se le manda un mensaje al móvil informándola de dónde estás. Retrasar el evento o la actividad por la persona que llega tarde, salvo que se haya disculpado y haya comentado que está a punto de llegar, es faltar al respeto a los que han sido puntuales y reforzar al impuntual.

La impuntualidad habla mal de ti. No es buena compañera ni en tu profesión ni en tu vida personal. Dejémosla para lo único en lo que puede ser emocionante: esa novia radiante llegando tarde a su boda y esa pareja nerviosa esperando emocionada. Para lo demás, por favor, llega a tu hora.

Si quieres ponértelo fácil y tener más tiempo para ti, recuerda este resumen para poder ser puntual:

1. ¿En qué pierdes ahora el tiempo que te haga llegar tarde?

2. ¿Deseas ser puntual? Necesitas intención y atención.

3. Elabora un plan en función de tus necesidades:

   a. ¿Infravaloras el tiempo que necesitas para prepararte?

   b. ¿Tienes un exceso de actividades y compromisos?

   c. ¿La puntualidad es un valor para ti, es importante?

   d. ¿Te distraes, te dispersas y pierdes tiempo?

   e. ¿Sabes qué es lo que te retrasa en tu planificación habitual?

   f. Deja de postergar.

   g. ¿Te falta orden?

4. Hazte el propósito de llegar diez minutos antes.

5. Ponte alarmas, anota las cosas en la agenda.

6. Lleva reloj.

4

EL ARTE DE DELEGAR

¿Qué puedo hacer yo que no pueda ser hecho por otros? De esta forma, todo lo que puedan hacer otros ¿por qué hacerlo nosotros y no dedicarnos a lo que otros no pueden hacer?

PETER DRUCKER

Delegar supone dar responsabilidades a otras personas. Delegando no solo te liberarás tú, sino que permitirás que en muchas ocasiones los que te rodean adquieran autonomía y se sientan motivados, tanto en el trabajo como en tu familia. A los trabajadores les atrae participar más en la toma de decisiones y que se les permita tener iniciativa, y a los hijos les gusta hacerse mayores, y eso implica intervenir en el «mundo de los adultos» con las tareas propias. Muchos padres se quejan de que sus hijos vaguean con las tareas domésticas y no se implican. Educarlos desde pequeños y responsabilizarlos es la mejor forma de prevenir su escaqueo en la adolescencia.

En este capítulo aprenderás a delegar dando valor a lo que delegas. No es lo mismo decirle a tu hijo de seis años «Pon la mesa» que motivarlo diciéndole: «Con la edad que tienes, estoy segura de que pondrás la mesa como si fuera la de unos príncipes; ¡te estás haciendo tan mayor!». Si permites que los que te rodean realicen actividades con mayor responsabilidad, tú podrás dedicar ese tiempo a lo que tienes pendiente: a ese libro maravilloso que te encanta leer o a hacer ejercicio físico. O simplemente a descansar o a ocuparte de asuntos del trabajo más relacionados con tu conocimiento o con tus habilidades. Quizá eso te ayude, a su vez, a optimizar tu trabajo, ganar más clientes o generar más ingresos.

A veces nos obcecamos en controlar aspectos colaterales de nuestra profesión que no nos gustan, que desconocemos y que otra persona podría hacer mucho mejor si le diéramos la oportunidad. Hace años, yo me ocupaba de todo en mi trabajo como autónoma. No solo de lo relacionado con la psicología, como atender a mis pacientes o prepararme las clases, sino también de hacer mis facturas, de la logística de mis viajes, de los contratos de las conferencias, de las llamadas de propuestas de colaboraciones. Perdía mucho tiempo con quehaceres que no eran propios de la psicología, que me parecían aburridos y que, además, hacía mal. Poco a poco, y a medida que fui cogiendo más volumen de trabajo, me hice con un equipo maravilloso, personas especializadas en las tareas que no se me daban bien. Ahora trabajan conmigo dos secretarias que se ocupan de mis facturas y de la agenda de la clínica, que reservan trenes y hoteles, y entre otras personas del equipo tengo a Carla, mi representante, que lee los contratos de las conferencias, propone las modificaciones y negocia, y yo estoy al margen de todo. ¡Menuda tranquilidad! Ahora tengo tiempo para entrenar, para escribir con más paciencia y para descansar más.

Delegar, para mí, ha formado parte de mi kit de supervivencia. No me ha quedado otra; por eso creo que se me da muy bien.

No solo he delegado en cuestiones profesionales. Mucho antes tu ve que delegar parte del cuidado de mi hija y de las tareas domésticas. Desde que Carmen era un bebé y no pude cogerme la baja por maternidad (si deseas saber por qué, puedes leer mi libro (*Somos fuerza*), he contado con ayuda doméstica. Había perdido a mi marido con una hija recién nacida y necesitaba ayuda para poder trabajar y generar ingresos. Nunca he tenido una gran casa ni he conducido un coche de lujo, pero he contado con ayuda doméstica que me ha permitido compaginar mi trabajo con descanso.

A muchas mujeres delegar tareas domésticas les parece impropio. No lo han vivido en su casa. Pero es que las circunstancias han cambiado. Muchas de nuestras madres no trabajaban fuera de casa y, si lo hacían, tenían ayuda doméstica. No lo veas como un símbolo de tu incapacidad para atenderlo todo, sino como un gesto de amor hacia ti y tu pareja, porque os dará más tiempo de descanso y de ocio. Esas tareas que delegas en casa, salvo que seas de esas personas a las que les gusta limpiar y recoger, no tienen nada de satisfactorio. Sueles hacerlas, además, cuando dispones de tiempo el fin de semana, tiempo que deberías dedicar a tu bienestar emocional para llegar descansado el lunes al trabajo. En cambio, te pegas la paliza de comprar en el supermercado, hacer limpieza a fondo en casa y plachar la columna de ropa acumulada. Si te falta tiempo para ti y para tu pareja, el vínculo se irá debilitando. Igual estás pensando que no te puedes permitir contratar a alguien, pero no hablo de ayuda diaria, sino de una persona que te quite la plancha o que limpie a fondo una vez a la semana para que el resto de los días solo tengas que recoger lo básico. Necesitas paz y tiempo para ti. Es una manera de autocuidado.

Lo mismo ocurre con papeleos y trámites burocráticos. Nos roban nuestro valioso tiempo y a veces puede administrarlos una gestoría. ¿Y qué me dices de los trimestres y la declaración de la renta? Eso que tú odias hacer hay otra persona a la que le encanta. Cobra por ello, pero lo hace más rápido e infinitamente mejor que tú. Delega todo lo que te quita tiempo inútilmente, no aporta nada a tu vida y además te genera fastidio.

Delegar no es una tarea sencilla. A continuación te facilito algunos consejos que pueden ayudarte a aprender.

Necesitas paciencia, confianza y flexibilidad

Delegar implica que dejes de hacer algo que ahora controlas. Y, como ya te he comentado, nos encanta el control. Nos da la seguridad de que las cosas se hacen cuando queremos y de la manera que queremos. Por eso delegar requiere altas dosis de confianza, flexibilidad y paciencia. Al delegar, estás poniendo en otras manos tus asuntos, los de tu casa, los del trabajo. Esa persona en quien delegas necesita aprender a gestionarlos, cometerá errores y no lo hará siempre a tu manera, sino a la suya. Tienes que ser compasivo. Porque si presionas, controlas o corriges de malas maneras, estarás debilitando su autoestima y su aprendizaje.

Delega en la persona adecuada

Para poder delegar también tienes que elegir a la persona adecuada para la tarea. No todo el mundo vale para lo mismo. Sí es cierto que hay muchas habilidades que, más que talento, necesitan entrenamiento. Pero si de entrada puedes seleccionar a la persona más preparada para la tarea, mejor.

Delegar es un proceso

Al principio tienes que invertir tiempo en formar a la persona. Delegar no es decir solamente «A partir de ahora, tú te ocupas de esto». Formar es enseñar con cariño, paciencia y dulzura qué tiene que hacer y cómo. Y no solo formas en el proceso, sino también en los resultados que deseas obtener. A la persona en la que delegas tienes que facilitarle información, herramientas, tecnología, contactos, procesos. Pónselo fácil. E invítala a consultarte cuando tenga dudas. Lo normal es que al principio se sienta insegura y necesite preguntarte muchas cosas. Y con el paso del tiempo irá cogiendo experiencia y alcanzará la autonomía. Recuerda este principio: «Si solo sabes hacerlo tú, siempre tendrás que hacerlo». En el momento en el que la persona tenga seguridad, habrás ganado tiempo para ti; para lo que tú decidas, pero tiempo para ti.

Sí, tranquilo, te ahorrará tiempo

Cuando empiezas a delegar tienes la sensación de que delegar y formar a alguien te quita más tiempo que si siguieras haciendo tú esa tarea. Esta sensación es normal y, además, real, pero piensa que los beneficios de delegar son a medio y largo plazo. Y que si no lo haces nunca, siempre seguirás realizando tareas de las que pueden ocuparse otras personas. Tranquilo, dentro de muy poquito te liberará y tendrás más tiempo para ti.

Al principio no evadas el control de lo que delegas

Delegar supone, sobre todo al principio, mantener algo de control sobre lo que delegas. Sigues siendo responsable del resultado de esa tarea, especialmente si eres responsable del resultado de ese trabajo. Delegar no es soltar algo que no deseas como si te quemara en las manos y desentenderte.

Al controlar, no transmitas a la persona en la que has delegado que no confías en ella. No hagas comentarios del tipo: «Es que tengo que estar encima, que, si no, no me fío». Pregunta si tiene dudas y dile que la acompañarás en el proceso hasta que se sienta segura. Y, poco a poco, ve soltando.

Sé compasivo, no castigador

Cuando delegues, sobre todo con quehaceres domésticos, piensa que tus hijos o tu pareja no están acostumbrados a lidiar con esa nueva responsabilidad. No te enfades si se olvidan. Cuesta incorporar nuevos hábitos a nuestra vida. Nos cuesta incluso cuando somos nosotros los que decidimos hacer un cambio y estamos motivados para cambiar. Cuando se olviden, no hagas juicios de valor ni saques conclusiones hirientes, como «Hay que ver, necesito ayuda; aquí cada uno va a lo suyo. Para algo que os delego, y pasáis de mí; es que no os importo». Con este tipo de comentarios solo haces daño, y no contribuyes a que se consolide el cambio. Simplemente recuerda desde el amor lo que hay que hacer, ayúdalos a ponerse alguna alarma o recuerdo visual, y agradece su participación cuando lo hagan.

Si, dándole tiempo, la persona no termina por responsabilizarse y comprometerse con lo que le has delegado, pregunta cuál es el motivo. No saques conclusiones. A veces interpretamos que no tiene ganas, que pasa de todo, que es egoísta, que no le importa su trabajo…, y puede que nos equivoquemos. Esto es muy importante cuando delegas tareas relacionadas con el cuidado de los hijos. Si le pides a la cuidadora que no le dé chuches al niño y a pesar de eso le da comida basura, no pienses que es una irresponsable. Recuerdo que una paciente terminó preguntándole a su cuidadora por qué seguía haciéndolo, y ella le respondió que su mamá le había dicho que los niños necesitaban azúcar, que venían cansados del colegio y si no, no harían los deberes. La mujer tenía esta creencia, y hasta que mi paciente no le explicó que esto no era así y le dio información, no la convenció. Tal vez estés pensando que alguien que trabaja para ti no necesita tanta explicación, que bastaría con que tú se lo dijeras, pero es mucho más sencillo que alguien cambie un comportamiento cuando está convencido que cuando se lo imponen.

Para delegar, pide ayuda

Muchas personas creen que aquello que piden pierde valor, que debería ser el entorno, tanto laboral como familiar, el que entendiera que están agotadas y tomara la iniciativa de ocuparse de tareas de las que se ocupan sin que tuvieran que pedirlo. Lo más probable es que tu entorno no sepa que estás agotada, que necesitas ayuda, que no llegas a todo. Tu entorno está en su mundo. Igual lo intuye, pero tampoco sabe si deseas desprenderte de algo y, de ser así, de qué. Pedir es la manera más honesta de solucionar el problema.

Aprende a delegar las cargas invisibles

Sin lugar a dudas hemos avanzado en el reparto de tareas en casa. Pero se reparte lo que se ve: el lavavajillas, recoger a los niños, tender, pasar la aspiradora, recoger la ropa, hacer la compra. Ahora los varones son padres mucho más presentes e implicados en el cuidado del hogar y de los hijos que hace años. Y muchas de nuestras parejas varones se declaran feministas y reconocen que las desigualdades vividas han penalizado y agotado a las mujeres.

Sin embargo, existen tareas del hogar invisibles a los ojos de los demás. Organizar el menú de la casa, pensar qué se hace de comida o de cena, hacer las llamadas familiares, responder a los chats del colegio, preparar fiestas de cumpleaños… Se trata de ocupaciones más cognitivas, de dar vueltas a la cabeza. Son más de pensar que de hacer, no se ven, son invisibles. Quizá estas tareas nos preocupan más a nosotras que a ellos. Si comentaras con tu pareja que te agota el WhatsApp del cole, seguro que te contestaría: «Pues ni lo mires; yo no lo miro nunca». Para él esta decisión es fácil. O si compartes con él que los menús te tienen agotada y no sabes qué hacer mañana para comer, te contestará: «Lo que sea más fácil, no te compliques». No sé si es que nos complicamos solas, si nuestro nivel de exigencia y de perfeccionismo nos agota, o si son áreas que, al ser invisibles, ellos todavía no se plantean.

Muchas de estas tareas invisibles, sumadas a las visibles, te llevan a sentirte cansada, triste, irascible, sin tiempo para ti. Estos consejos te ayudarán a delegar lo que no se ve.

- Si la tarea no es algo de lo que solo puedas encargarte tú, **pide ayuda**. Nadie puede ayudarte con algo que desconoce. El error empieza muchas veces por dejar de compartir todas esas cosas pequeñitas que la pareja o los hijos no son conscientes de que haces.
- Si vas a ocuparte de algo invisible porque has decidido que es importante, **delega otra tarea visible**. Habla con tu pareja de todo aquello de lo que te ocupas y que no se ve. Dile que necesitas un poco de ayuda con otras tareas.
- No solo hay que delegar en la pareja; **delega también en tus hijos**. Revisar la mochila o los deberes son actividades de las que tienen que encargarse ellos. Y cuanto antes lo hagan, mejor.
- **Reparte las llamadas** al dentista, al médico de tu suegro, al colegio para avisar de que tu hijo está enfermo y que no asistirá a clase, a la librería para encargar un libro de texto…
- Pon en la puerta del frigorífico un **planificador** que contenga fechas de cumpleaños, fechas importantes, tareas pendientes. Así no tendrás que recordar a tu pareja que es el cumple de su hermana. También puedes poner una **libreta magnética** en la que cada uno anote aquello que vea que se agota, como el gel, la pasta de dientes, el atún… De este modo evitarás recorrer toda la casa comprobando qué falta o abrir todos los cajones y la nevera para hacer la lista de la compra. Lo que no está en la lista no se compra. Si tu hija adolescente no anota en esa lista que se le ha terminado el desodorante,

que vaya ella y lo compre. Recuerda algo muy importante: **¡tú no eres responsable de los olvidos y despistes de los demás!**

- La **carga de los cuidados** suele recaer sobre la mujer. Nos han educado para atender, dar amor, cuidar, proteger. Somos seres emocionales y cuidamos de las emociones de otros: la pareja, los hijos, los amigos, los padres... Si tienes familiares más mayores a tu cargo, por favor, reparte tareas con tus hermanos. Puede ser que te digan que ellos están muy ocupados; tú también. Y si tus hermanos no pueden colaborar, quizá tengáis que contratar ayuda para personas mayores.

Las cargas invisibles no son invisibles para nuestra salud mental. Hablar, repartir, delegar y renunciar forma parte de tu autocuidado. Este también se convierte en invisible si no lo priorizas ni le prestas atención.

El arte de delegar requiere paciencia, tiempo, formación, compasión y confianza, pero, en el momento en el que delegas y das tiempo, ganas calidad de vida. Vale mucho la pena.

Si quieres ponértelo fácil y tener más tiempo para ti, recuerda este resumen para delegar con arte:

1. Ten paciencia, confianza y flexibilidad.

2. Delega en la persona adecuada.

3. Delegar es un proceso; primero tienes que formar y supervisar a la persona. No se delega y se suelta lo delegado como si te quemara en las manos.

4. Aunque al principio no te lo parezca, cuando hayas conseguido delegar tendrás más tiempo para ti y para tus cosas.

5. No evadas el control. Por muy responsable que sea la persona en quien delegas, necesita tu *feedback*.

6. Los demás tienen otros ritmos y otras maneras de hacer las cosas. Sé compasivo.

7. Pide ayuda. Nadie puede leerte la mente y anticiparse a lo que necesitas. Pedir ayuda no es una debilidad.

8. Aprende a delegar también las cargas invisibles.

5

RUTINAS Y HÁBITOS

> Nunca hubiese podido hacer todo lo que he hecho sin los hábitos de puntualidad, orden y diligencia, sin la determinación de concentrarme en una sola tarea cada vez.
>
> CHARLES DICKENS

Casi todo lo que hacemos en nuestra vida está sujeto a hábitos: trabajo, autocuidado, salud, familia, amigos… La mayor parte del día vamos en piloto automático, y no influyen ni la personalidad, ni la edad, ni el género. Los hábitos son maravillosos porque nos facilitan la vida. Nos ayudan a no tener que pensar todo el rato qué paso dar a continuación. Porque, al convertir una actividad en hábito, nos sale rodada. Sinceramente, sería agotador tener que tomar decisiones diarias sobre cuestiones que pueden estar automatizadas: «¿Qué desayuno hoy?», «¿Qué camino cojo para ir al trabajo?», «¿Cómo encabezo este correo electrónico?». Los hábitos nos ayudan a agilizar nuestro día a día y, así, a ganar tiempo.

¿Qué beneficios conlleva tener hábitos?

- **Nos agiliza la vida y nos la hace más fácil.** No tenemos tiempo porque ni planificamos ni sabemos establecer prioridades. La rutina implica planificar y priorizar.
- **Nos da orden.** Sabes lo que tienes que hacer en cada momento.
- **Nos aporta seguridad.** Te sientes cómodo en la rutina; es algo que dominas y controlas.
- **Nos dirige.** El inicio de la rutina también indica hacia dónde vas y qué pretendes.
- **Nos brinda comodidad.** Te libera de la presión de tener que decidir en cada momento, de tomar decisiones constantes. Cuando sabes que tu rutina incluye correr a una determinada hora, te lo piensas menos que cuando tienes que improvisarlo.

Si hablamos de gestión del tiempo y hábitos, existen una serie de rutinas que, al desarrollarlas y automatizarlas, pueden ayudarte a tener más tiempo y de más calidad. La lista de propuestas que redacto a continuación es solo un ejemplo. He escrito los hábitos que he ido adquiriendo en cuanto a la gestión del tiempo. A mí me funcionan y me generan tranquilidad, seguridad y tiempo. Estas pequeñas costumbres no te solucionarán tu problema de organización, pero te ayudarán mucho. Suponen la diferencia entre un día de compromiso y responsabilidad con la gestión de tu tiempo o, todo lo contrario, continuar con pequeñas costumbres que te llevan a acumular pérdidas de tiempo. Y si vas sumando lo que te aportan estas propuestas que te planteo, tomarás conciencia de que puedes sacar un tiempo que no sabías ni que existía. Ocurre lo mismo con los pequeños disfrutes diarios. Esos pequeños momentos diarios no nos dan la felicidad, pero sí un equilibrio que nos aporta bienestar emocional.

- **Tener las cosas ordenadas:** la mesa de trabajo, tu casa, tu habitación, tu ropa.
- **El hábito de la prevención:** ten reservas, de todo. No hace falta que parezca que has vivido una posguerra, pero ten repuestos de enseres de baño (gel de ducha, champú, compresas, chuchillas de afeitar) y alimentos básicos (sal, azúcar, vinagre, harina, tomate, pasta, arroz, etc.), de tal manera que no falte nada en el último momento. Evitar imprevistos previsibles nos facilita tener comodidad y serenidad. En cambio, tener que salir corriendo al súper porque nos falta algo esencial nos cambia los planes y nos genera mal humor.
- **El hábito de tener gasolina, diésel o electricidad en el depósito.** Siempre te hace falta combustible cuando más prisa tienes. Que no te dé pereza: ve, llena el depósito y quédate tranquilo. Y no esperes a estar en reserva para volver a llenarlo.
- **El hábito de hacer las cosas bien desde el principio.** Esto te facilitará mucho la vida. Por ejemplo: tiende la ropa de forma ordenada. A mi marido le gusta tender los calcetines por pares, es decir, cada oveja con su pareja. Cuando recogemos la ropa del tendedero, directamente hacemos una bola con cada pareja de calcetines. En el lavavajillas, pon los cubiertos iguales juntos: tenedores con tenedores, etc. Así es más sencillo a la hora de recogerlos.
- **El hábito de no posponer la alarma y levantarte a la primera.** ¿Cuánto tiempo pierdes diariamente poniéndote tres alarmas? Al final te vas a levantar igual. Deja el placer de retozar, si eso te produce placer, para el fin de semana. Así lo harás con más ganas.
- **El hábito de hacer las cosas cuando tocan, no cuando te apetece.** A pesar de que a postergar le dedicaremos un capítulo entero, recuerda incluir este punto dentro de tus buenos hábitos.

- **El hábito de tener una lista de la compra visible para todos.** Así no perderás tiempo yendo de armario en armario, revisando baños y despensa, o preguntando a la familia qué hace falta comprar. Yo les pido a mis hijos, ahora que son adultos, que me avisen cuando algo se les acaba o que lo anoten en la lista. De no hacerlo, si se les agota antes de que vuelva al súper, serán ellos los que tengan que ir a comprarlo.

- **El hábito de dejarte la habitación, la mesa, la cocina o el armario tal y como quieras encontrártelo la próxima vez que vayas a utilizarlo.**

Estos son solo ejemplos que a mí me funcionan. Ahora puedes escribir tu lista, coger mi lista completa o parte de ella, o elaborar poco a poco rutinas que te faciliten tener tiempo y orden.

El mayor problema de adquirir hábitos saludables nuevos, en concreto en lo tocante a la gestión del tiempo, reside en tener que renunciar a tus hábitos actuales. Estos a veces se disfrutan, como estar tirado en un sillón sin recoger la casa, pero en otros casos, como cuando vas deprisa con una lista larguísima de actividades imposibles de llevar a cabo, estresan. No obstante, convertimos nuestros hábitos, incluso los que nos perjudican, en nuestra zona confortable, así que por aquí te facilito una serie de doce propuestas para entrenar hábitos de manera que se queden en tu vida y no sean solo la fantasía de una noche de verano.

Procura convertirlos en estilos de vida, no en resultados

No es lo mismo perder peso (resultado) que comer de forma saludable (estilo de vida). No es lo mismo tener la bandeja del correo electrónico limpia (resultado) que archivar, contestar y borrar diariamente (estilo de vida). Los resultados que deseas obtener son puntuales y no siempre dependen de tu buen hacer. Igual un día contestas, contestas y vuelves a contestar muchos correos, y por el motivo que sea tienes una avalancha de mails. No puedes sentirte frustrado por ello, porque tú has hecho tu proceso, has mantenido tu estilo de vida. A pesar de no haber conseguido tu resultado, las respuestas que has ido dando a lo largo del día y la gestión de tu bandeja te permitirán tener más tiempo mañana.

Haz por que te gusten

Sí, te estarás diciendo que es difícil que te guste una ensalada cuando puedes elegir una pizza, pero tal vez es que no has pensado en elaborar una ensalada especial, distinta, creativa y sabrosa, y solo te limitas a una triste ensalada. O igual no te has comprado un archivador bonito con carpetas de colores para archivar tanto papel como tienes en la mesa porque te aburre ordenar. Esto lo hice yo hace un año. A mí me aburre ordenar, así que me compré artículos bonitos para que el proceso me entrara por la vista. Mi mesa de trabajo es grande. Y cuanto más grande, más acumulo en ella. Cuando me sentaba a trabajar me angustiaba ver tantos pósits, subrayadores de colores, libros pendientes de leer, libros que estaba leyendo, notas mías, libretas, la agenda, la tablet, el ordenador, la grapadora, el móvil, el trípode para los directos, las pulseras que me quitaba para poder escribir mejor en el ordenador… Y papeles, muchos papeles: contratos, artículos, revisiones de libros. Decidí convertir el minimalismo de mi mesa de despacho en estilo de vida, y ahora solo tengo lo imprescindible. Los pósits están en una caja fuera de la mesa. He archivado todos los papeles en carpetas de colores rotuladas con su contenido: programas de televisión, contratos de teatro, guiones, papeles privados, notas para artículos, etc. Y cada vez que imprimo algo, una vez utilizado, va a su carpeta. Tengo todos los libros pendientes de leer en una librería y, cuando necesito o reviso uno, lo cojo. Y al acabarlo y hacer el directo correspondiente, vuelvo a dejarlo en la librería. Todos los cachivaches tecnológicos (trípode, disco duro, cables, etc.) están en una cestita en la librería. Y ahora mi mesa está despejada y me da mucha más serenidad. Mi trabajo se ha vuelto más ágil. Encuentro todo a la primera y me siento más a gusto trabajando, lo que me permite concentrarme mejor.

No te quedes en «Anda, ya está»

«Anda, ya he perdido cinco kilos», «Anda, he llegado a la hora a la reunión», «Anda, qué guay, no he tardado nada hoy en arreglarme». Lo importante es que, cada vez que consigas un logro, te pares a pensar y valorar los pasos que has dado. Solo así podrás repetirlos. Y recuerda, los hábitos se crean a fuerza de repeticiones. Nuestro cerebro aprende con cada repetición porque esas repeticiones generan nuevas conexiones que se afianzan repitiendo, y estas son las que permiten que algo se automatice. Acuérdate de repetir una y otra vez lo que te hizo conseguir tu «Anda...».

Define claramente el camino

Nos suele costar mucho cambiar de hábitos porque **solemos centrarnos en el objetivo, en lo que deseamos conseguir, en el resultado**. Y está bien tener un resultado en mente porque puede ayudarnos a mantenernos motivados, pero el resultado que queremos no introduce el nuevo hábito en nuestra vida ni nos ayuda a alcanzarlo. Lo que nos va a ayudar es el camino. Este principio de centrarse en los procesos y no en los resultados ha sido mi avemaría durante todos los años en los que he trabajado como psicóloga del deporte, tanto en el fútbol de primera división como en el atletismo, la natación o el tiro con arco. Tú tienes poder sobre lo que depende de ti, sobre lo que debes hacer; no sobre lo que debes conseguir. Porque a veces, a pesar de que la meta sea muy motivante, ocurren cosas que no dependen de ti, como un cambio hormonal que te impide perder peso a la velocidad que te gustaría. Y lo mismo con la gestión del tiempo. A pesar de que organices tu tiempo, seas puntual y tengas asignada una duración a una actividad, puede aparecer cualquier circunstancia que te impida llevar a cabo tu hábito adquirido, como una retención de tráfico importante.

Así pues, ahora desarrolla cada paso necesario para los hábitos relacionados con la gestión del tiempo que elijas cambiar en tu vida. Te pongo un ejemplo. Si deseo adquirir el hábito de tener mi mesa ordenada a diario, cada tarde noche, cuando dé por finalizada mi jornada de trabajo, archivaré los papeles o documentos; colocaré todos mis fosforitos, lápices y bolígrafos en sus botes; ordenaré los libros que he utilizado en la estantería; llevaré la taza de café a la cocina; enchufaré el portátil para que mañana tenga batería; devolveré el trípode a su cesta, etc. No basta con decir «Ordenaré la mesa», sino que debes describir cada paso que tienes que hacer para conseguir ese resultado deseado. Porque esos pasos sí dependen de ti.

El «para qué»

¿Para qué quiero esto, para qué lo estoy haciendo, cuál es el sentido? **Cada hábito con el que quieras implicarte debe tener un sentido para ti**, el famoso «para qué» del que hablo siempre. Si no le encuentras sentido a tener la mesa ordenada, empieza por otro hábito. El «para qué» tiene que ser parte de tu filosofía de vida. Algunos «para qué» de aprender a gestionar el tiempo pueden ser disponer de tiempo para ti, ir más despacio por la vida, tener más serenidad, disfrutar más del presente.

Busca la parte gratificante

Un hábito se afianza porque tiene una recompensa. Cuando tratamos de cambiar hábitos que nos perjudican, como llegar tarde, por hábitos que nos convierten en la persona que deseamos ser, como llegar puntuales, la recompensa no siempre es inmediata. Ocurre lo mismo con irse pronto a dormir, hacer ejercicio o dejar de fumar. La recompensa aparece en el largo plazo. Esta demora puede llevarnos a sucumbir y recaer en hábitos que nos perjudican, porque los tenemos automatizados y nos producen un placer inmediato. Te sugiero que visualices cómo será tu vida cuando consigas automatizar la puntualidad, o cómo te sentirás de orgulloso llegando pronto a la reunión. Imagina el placer que te producirá. Imaginar el placer es posible, al igual que imaginas el dolor, como cuando piensas que puedes perder a alguien importante en tu vida. Imaginar y anticipar las emociones te ayudará a afianzar el hábito. Visualizar cómo te sentirás es una herramienta psicológica muy potente. Prepara al cerebro para vivir la satisfacción sin que esta ocurra. El cerebro, al visualizar, es capaz de sentir lo mismo que si estuviera viviendo la situación de forma real. Y este proceso de visualizar te permitirá afianzar antes el hábito, porque podrás anticipar las recompensas.

Disfruta de tu proceso

Cambiar de hábitos implica renunciar a un placer a corto plazo (no organizarte en casa, arreglarte cuando tengas ganas y llegar tarde como consecuencia) para conseguir un beneficio a largo plazo. Pero nuestro cerebro, evolutivamente hablando, es cortoplacista. Le gustan las recompensas inmediatas, y no soporta tener que esperar para ese placer postergado. Un ejemplo de ello es querer perder peso. Son muy gratificantes las comidas sabrosas y cargadas de sal y azúcar a las que debemos renunciar para aprender a comer de forma saludable y tener el peso que deseamos. Pensar en el largo plazo cuesta. Pero cuesta menos cuando tratamos de hacer el proceso algo más ameno y divertido. No es lo mismo ordenar tu mesa de trabajo al acabar la jornada pensando: «Menudo rollo, qué ganas tengo de descansar», que tener elegida una canción que te anime, te motive y sea tu «himno del orden». Aun así, recoger la mesa no será la actividad más divertida de tu vida, pero la disfrutarás más si lo haces al son de una música que te guste. Lo mismo ocurre con la conducta de comer. No es lo mismo un pescado a la plancha con judías verdes que aprender a comer aderezando con especias, combinando nuevos sabores, utilizando una vajilla bonita y disfrutando de la elaboración del plato.

La importancia de las etiquetas

Recuerda que tu etiqueta te define y te ayuda a comportarte como tal. Eres puntual, eres serena, eres un buen gestor del tiempo, eres ordenado… Decía William James dos frases que nos vienen que ni pintadas: «Comienza a ser ahora lo que serás de ahora en adelante» y «Si no tienes una habilidad, actúa como si ya la tuvieras». Esto marca la diferencia. Nos ayuda a ser la persona que deseamos ser. Solemos mantenernos muy fieles a nuestras creencias. Llevas mucho tiempo creyéndote impuntual, un desastre de la gestión del tiempo, desorganizado. Cambiar la visión que tienes de ti te ayudará a cambiar tus hábitos y actitudes.

Cambiar la persona que eres se consigue a fuerza de repeticiones. Porque lo que te define en esta vida no es lo que piensas, sino lo que haces. Necesitas creer que ya eres esa persona que deseas ser, y repetir y repetir una y otra vez el hábito que deseas afianzar. Y esto es válido para el orden y la gestión del tiempo, pero también lo es para cualquier otro hábito que quieras instaurar en tu vida.

Toma decisiones en la dirección correcta

A la hora de afianzar hábitos dudarás muchas veces. Será normal que el placer te pueda. El placer de irte diez minutos antes a casa en lugar de dedicar esos diez minutos a ordenar la mesa, por ejemplo. Es en este momento de debilidad cuando debes preguntarte: «¿La decisión que voy a tomar me acerca a esa persona que deseo ser?». Si la respuesta es «no», busca qué respuesta te acerca más a tu objetivo, a aquello de lo que luego te sentirás orgulloso; la decisión más alineada con tus valores, propósito o cambio de hábito.

Pon atención e intención

Cambiar de hábitos, además de la reflexión previa de para qué lo haces, necesita que elabores un plan. El cómo ya lo tienes diseñado a partir del proceso que has descrito en puntos anteriores, pero también es importante definir cuándo, a qué hora y con quién. Te invito a reservar un momento para la reflexión diaria. A mí me gusta hacerlo en el desayuno, después de entrenar. En ese momento miro mi agenda, repaso el día y planifico lo que quiero hacer. En esa planificación incluyo por escrito mi intención respecto a asuntos del día. Es aquí donde puedes escribir la intención que tengas respecto a tu cambio de hábito. Anota algo así como: «Para mí, ser hoy más responsable incluye apagar la televisión a las diez e irme a dormir temprano». Permite que tu cerebro vaya fantaseando con ese objetivo y que, cuando llegue el momento, esté más preparado.

Visualiza el plan

Dedica unos minutos a imaginarte lo planeado. Cierra los ojos e imagina el lugar, la temperatura, la decoración, el olor; imagínate actuando en la dirección correcta, respetando el plan y observando cómo te sientes. Además, un elemento fundamental en la creación de nuevos hábitos es la dopamina. Sin dopamina no hay deseo, y sin deseo no hay placer. Nuestro circuito de recompensa se activa cuando anticipamos algo, cuando lo deseamos. Y sabemos que el placer que se siente es mayor cuando deseamos que cuando obtenemos el premio. El hecho de visualizar lo planeado puede activar el circuito de recompensa y motivarte para alcanzar el cambio que necesitas.

En mi libro *Cuenta contigo* te hablo de la terapia de Teresa de Calcuta. Esta terapia está basada en el aprendizaje por observación, el aprendizaje vicario de Bandura. Hay veces en que no tenemos nada claro qué debemos hacer para conseguir algo. No lo tenemos claro porque llevamos muchísimos años con hábitos que no ayudan y que nos perjudican, y nuestro cerebro solo es capaz de pensar en esos términos. Por eso, dar con la respuesta adecuada a veces es complicado. No saber qué hacer puede ser un motivo de abandono.

Te invito a copiar a quien lo hace bien. Es una forma sencilla de aprender. Si tienes dudas de por qué tu casa está desordenada y no sabes por dónde empezar, pregúntate: «¿Qué hace mi amiga fulanita para tener siempre su ropa en orden en el armario?». Si no te viene la respuesta a la cabeza, llámala y pregúntale. Pero seguro que, si recuerdas su armario porque alguna vez lo has visto, sabrás que tiene la ropa interior en cestitas, las blusas ordenadas por gamas de colores, las prendas divididas por categorías (pantalones con pantalones y faldas con faldas), etc. Y ahora que has reflexionado sobre esto, no necesitas aplicar este orden a toda la casa; simplemente empieza por el armario, o por una parte del armario. Mantener las cosas ordenadas una vez ordenadas es muy sencillo.

Además de estas doce directrices para afianzar hábitos, conocer las características de los hábitos también puede ayudarte con el cambio. Tienes este concepto ampliamente desarrollado en mi taller virtual «Cómo cambiar de hábitos».

Un hábito tiene cuatro características:

- **Un estímulo que lo activa**; puede ser incluso una emoción. Un activador puede ser la pereza de levantarte del sillón y pensar qué ponerte para ir a cenar con tus amigas. Tal vez seas de esas personas a las que les cuesta mucho elegir la ropa y, a pesar de tener ganas de quedar con tu grupo de amigas, te dé pereza pasar por el trámite de vestirte y maquillarte.
- **Una actividad que se repite.** Se repite el hecho de postergar el momento de elegir la ropa.
- **Una rutina en la que está insertado.** Este hábito está metido dentro de un orden de comportamientos. Estás viendo algo tranquila en el sillón, tienes que levantarte y te da pereza, y a esto le sigue el proceso de ir al armario, pensar si pantalones, vestido o qué, elegir algo que te pegue con la parte de arriba o de abajo, ducharte, maquillarte, arreglarte el pelo...
- **Una recompensa que lo mantiene.** Y la recompensa es seguir en el sillón, tranquila, sin el agobio de elegir la ropa, y así alargar ese momento. Y, al final, terminar llegando tarde.

Ahora tendrías que hacer el proceso contrario para cambiar el hábito. Es muy importante que en este proceso hables contigo en voz alta. Los hábitos están automatizados, y muchas veces no somos conscientes de aquello que no resulta nada efectivo. Te animo a que describas tus cuatro pasos para el cambio.

- **Un estímulo que lo activa**; puede ser incluso una emoción. Un activador en este caso puede ser anticipar cómo te sentirás si eliges rápido la ropa y agilizas todo ese proceso que tanto te suele costar.

En el sillón puedes decirte algo así como: «Venga, va, diez minutos para elegir la ropa, me ducho, me maquillo y llego a la hora».

- **Una actividad que se repite.** A partir de ahora solo te darás diez minutos para elegir la ropa. Ni uno más ni uno menos.

- **Una rutina en la que está insertado.** Te invito a cambiar el orden de lo que haces desde antes de sentarte en el sillón a descansar. Sabiendo que has quedado con amigas para cenar, antes de sentarte en el sillón elige la ropa que te pondrás por la noche. Pero solo puedes dedicar diez minutos a la elección.

- **Una recompensa que lo mantiene.** La recompensa será agilizar todo el proceso antes de salir y que la próxima vez no te dé pereza arreglarte porque habrá dejado de ser un proceso lento, pesado y lleno de dudas.

Si de por sí crear hábitos nos facilita la vida, mucho más aún cuando se trata de nuevos hábitos que nos regalarán tiempo, comodidad y serenidad.

Si quieres ponértelo fácil y tener más tiempo para ti, recuerda la importancia de tener rutinas y hábitos:

1. Necesitas renunciar a hábitos que ahora te perjudican respecto a la gestión del tiempo.

2. Procura convertir tus nuevos hábitos en estilos de vida, no en logros que tengas que conseguir.

3. Enamórate de tus nuevos hábitos. A veces nos enamoramos a primera vista; otras, nos enamoramos por el roce. Rózate con tus hábitos.

4. Lo importante no es lo que has conseguido, sino cómo lo has conseguido. Cada vez que alcances una meta, reflexiona sobre los pasos que te han llevado a ella.

5. Define el camino. Importa definir el proceso más que el resultado.

6. ¿Para qué quieres cambiar de hábitos? Es importante que le encuentres el sentido.

7. Busca la parte gratificante.

8. Disfruta del proceso. Si solo disfrutas del final del camino, es posible que tires la toalla antes de tiempo.

9. Cambia tu etiqueta: tú ahora eres una persona puntual, aunque de momento lo cumplas poco.

10. Toma decisiones en la dirección correcta.

11. Pon atención e intención, como en todo en la vida.

12. Visualiza el plan.

13. Si tienes dudas, copia a quien lo haga de forma correcta.

6

JUGAR AL *TETRIS* O CÓMO LLEVAR UNA AGENDA

No es que tengamos poco tiempo, sino que
malgastamos buena parte de él.

SÉNECA

¿Te acuerdas del *Tetris*? Si eres de los nacidos en los años setenta y ochenta, seguro que has jugado al *Tetris*. Consiste en ir haciendo filas encajando figuras geométricas. Cuanto mejor encajan las piezas, más probabilidades tienes de acumular puntos.

Encajar las tareas en la agenda parece sencillo, pero no lo es. Hacer bien una maleta y gestionar una agenda se parecen bastante. Cuando era muy pequeña (tendría siete u ocho años), mi padre viajaba mucho, y recuerdo un día en que me dijo que hacer bien una maleta era muy importante, que se podía ganar mucho espacio, y me hizo una demostración magistral. En ese momento no tenía ni idea de por qué le dio por ahí. Sé que estuve muy atenta y que jamás se me olvidó el orden y la organización que hay que seguir al hacer una maleta, aprovechando cada hueco. Hoy en día sigo el mismo método que le vi poner en práctica a mi padre, y hago unas maletas superordenadas y aprovechando el espacio al máximo. Lo mismo me ocurre con la agenda y el tiempo.

A continuación te dejo una serie de consejos que te ayudarán a llevar la agenda de tal forma que te facilite el orden y la organización. Una buena agenda es la aliada para saber qué tiene cabida en tu día y qué no. La agenda debe ser una facilitadora, no algo que te genere esfuerzo sin recompensa.

Elige tu agenda. La misma agenda no sirve para todo el mundo. Puedes tenerla en papel, digital, a día visto, a semana vista, de recambios o tipo libreta. Puede ser sobria o con alguna decoración. Y también existen de diferentes tamaños. Yo utilizo una de papel, de recambios, porque tengo el mismo soporte desde hace veintisiete años. Me gusta el tamaño A5 y que sea a día visto; así cuento con más espacio para anotar todo tipo de cosas. A la vez, con mi directora de comunicación, Belén, y mi representante, Carla, compartimos una agenda digital para que no se nos solapen fechas cuando cierran conferencias, colaboraciones o funciones en el teatro. Tenemos una comunicación maravillosa para que todo esté siempre actualizado.

Empieza por anotar todo, absolutamente todo lo que haces a diario. Gestionar bien una agenda no solo consiste en escribir lo que tienes que hacer. Apenas somos conscientes de lo intensa y abrumadora que es nuestra actividad diaria en general. Antes de llevar una agenda te animo a registrar, durante una semana, en qué inviertes o gastas el tiempo. Es posible que esta actividad te parezca tediosa, pero es necesaria. Lleva un bloc de notas o una lista diaria en el móvil para anotar cada media hora qué estás haciendo. Obviamente, si te vas a una clase de zumba no tienes que pararla a la mitad para escribir «zumba»; puedes hacerlo al finalizar. Desde que te levantes, anota cada media hora: «arreglarme», «desayunar», «meditar», «recoger la colada de la noche anterior», «llevar a los niños al colegio», «trabajar en mi despacho», «una visita a un cliente», etc. Así durante una semana. Si tu trabajo varía mucho de una semana a otra, alarga el registro otra semana. Con este ejercicio te darás cuenta de que haces muchas más cosas de las que imaginas, porque hay mucha tarea automatizada que no registramos y con la que no contamos a la hora de planificar. Pasa lo mismo que con la comida. Muchas personas dicen comer poco y no saber por qué cogen peso hasta que registran todo lo que comen durante un día.

El ejercicio del saca-mete. Este ejercicio no tiene ninguna connotación sexual. A mi amiga Cristina Mitre le encanta. Dice que le abrió los ojos, y lo cierto es que no tiene nada de particular ni de creativo; ni siquiera se llega a él por ser psicóloga. Es puro sentido común. Muchas personas, a pesar de tener poco tiempo disponible o de no ser capaces de cumplir con lo que se proponen al día, desean introducir en su vida proyectos y cambios, o entrenar hábitos saludables. Pero si en la actualidad no son capaces de cumplir con lo que hacen, ¿dónde encontrarán tiempo para más? El truco está en sacar de la agenda antes de meter. ¿Y qué sacamos? Empieza por analizar qué actividades te roban energía. Después de dedicar dos horas a ver series, ¿te sientes mejor? Seguro que no. Después de una llamada larga por teléfono con una amiga, en la que la mitad del tiempo habéis estado hablando sobre otras personas, ¿te sientes mejor? Seguro que no. Igual que tampoco te sientes mejor persona, más culta ni con más vitalidad después de subir y bajar con el dedo cientos de vídeos que no te aportan nada en las redes sociales. Y digo series y redes como podría decir revistas de cotilleos o enredarte en internet visitando páginas de moda. Está bien dedicar algo de tiempo a temas ociosos, a modo de entretenimiento, pero hay una diferencia entre entretenerte con un capítulo de una serie y luego leer un buen libro, y ver tres capítulos seguidos y haber gastado tres horas de un día de tu vida con la tele. Así pues, antes de organizar tu agenda empieza por redactar una lista de actividades vacías, esas que no te enriquecen como persona y de las que ni siquiera disfrutas como entretenimiento, para hacer hueco a otros hábitos que te hagan sentir mejor.

Si deseas tener más tiempo, haz menos de lo que haces. Esto me parece una verdad de Perogrullo, pero es que no hay otra. Cuando estamos metidos en esa vorágine en la que nos comprometemos con todo y vamos por la vida con la lengua fuera, nos creemos capaces de mantener ese ritmo. Pero no lo somos. O lo somos a costa de nuestra salud. Tienes que eliminar cosas de la agenda. Tú crees que todas son importantes, pero no lo son. En tu agenda no cabe todo aquello que deseas hacer. Tener tiempo es dejar de hacer muchas cosas que ahora haces. Y no me refiero a las actividades anteriores, esas que te roban energía y no te aportan nada como persona. Me refiero a proyectos que incluso pueden ser chulos. No puedes con todos. Serán para otro momento o para otra vida.

Utiliza un sistema de colores en tu agenda. Llevar dos agendas distintas para diferenciar tus asuntos personales de los profesionales es un error, porque se te solaparán actividades o priorizarás el trabajo. En su lugar te invito a llevar un sistema de colores. Yo anoto mi autocuidado resaltado en malva; las conferencias, en celeste; el teatro, en rosa; las reuniones, en color melocotón, y así, cuando abro la agenda, de un solo golpe de vista ya sé lo que tengo.

Anota todo. Deja de exigir a tu memoria aquello de lo que no se tiene que acordar. Libera espacio para que pueda ocuparse de lo importante. Anota todo lo relacionado con tu trabajo: viajes, traslados, horarios, reuniones, tareas, comidas, desayunos. Anota también tu autocuidado: ejercicio, fisio, revisiones médicas. Anota tus gestiones personales, como ir al banco, hacer la compra, pasar por la tintorería, un regalo pendiente. Anota las llamadas de todo tipo.

Anotar en la agenda tiene su propia organización y proceso. Te explico cuál es el mío. Seguro que tú puedes adaptarlo a tu agenda y tu trabajo.

- Yo anoto primero todo lo que tengo cerrado en el ámbito profesional, ya sea un evento puntual (como una conferencia, reuniones o las fechas de las obras de teatro), ya sea lo que realizo de forma regular (los días en los que colaboro en la televisión, etc.). Y cada una de estas actividades la marco con su color distintivo. Al registrarlas en la agenda calculo también los traslados de ida y vuelta en coche, AVE, avión, etc.

- Inmediatamente después de lo laboral va mi tiempo de autocuidado, antes que hacer la compra u otros recados: gimnasio, tiempo de correr, acudir al fisioterapeuta. E intento que este rato sea inamovible, salvo que llegue un asunto muy importante. Muy importante es un evento de trabajo que no puede cambiarse de fecha, como una nueva conferencia, o algún asunto de mis hijos, como acompañarlos al médico de urgencias.

- En tercer lugar planifico el trabajo que no está sujeto a un horario fijo: escribir libros o artículos, redactar contenido para mi tarea de divulgación, grabar vídeos, rotular pósits, leer artículos científicos... Se trata de actividades que también realizo de forma regular, pero que puedo adaptar a un sábado o a los momentos que más me convienen.

- Ahora es el turno de los asuntos extraordinarios. En función de los huecos que quedan libres en la agenda, pido cita en el dentista, hago la compra semanal en el mercado, anoto un desayuno con amigas y otros recados...

- En esta planificación de la agenda, para mí es importante dejarme alguna tarde o algunas horas libres a la semana, en las que no ponga nada, porque siempre surge algo extraordinario: una nueva reunión, algún asunto personal que resolver...

- Ten en cuenta en tu agenda qué franjas de tiempo son sagradas para ti, aquellas en las que, salvo necesidad imperiosa, jamás incluirías algo. Mis franjas son entre la una y media y las tres y media si estoy en casa. Me gusta cocinar, comer tranquila y descansar un rato. Y, a partir de las ocho, trato de no estar disponible en el plano laboral. Por eso casi todos mis directos son a las siete, porque el tiempo a partir de las ocho es de mi familia y mío. A cambio, trabajo muchos sábados y domingos por la mañana o por la tarde, mientras la familia tiene otros planes. Piensa en aquello que jamás desearías sacrificar y tenlo en cuenta en la gestión de tu agenda.

- En función de tu actividad profesional, planifica por periodos de tiempo. Igual necesitas tener planificada toda la semana el lunes, o quizá al principio del mes necesitas planificar el mes completo. Yo necesito programar algunas cosas a meses vista, y luego suelo centrarme en el plan de la semana. Me gusta ojear la agenda el fin de semana e ir escribiendo pósits de lo que sí o sí debe estar hecho esa semana. Y diariamente hago lo mismo, decidir qué es lo más importante de la jornada.

- En la misma agenda tengo escritas todas las fechas relevantes para mí, como los aniversarios o cumpleaños que deseo felicitar. Me gusta ser atenta con estas fechas y no olvidarme, así que, cada vez que acaba un año, las traslado a la próxima agenda en papel.

- Escribo en la agenda con bolígrafos borrables. No me gusta ver tachones; necesito limpieza, espacio. Lo normal es que tenga que realizar cambios de fechas: un directo que se cae, una colaboración en televisión que cambia de día... Borro y reescribo.

- Las llamadas, los recados y otros temas que no se resuelven durante la jornada (igual tardo tres días en llamar a la óptica para encargar mis lentillas, por ejemplo) los anoto en pósits que pego en el día siguiente si no los he resuelto. Son recados que tengo que hacer, pero que no necesitan ser resueltos el mismo día.

- Si en algún momento me acuerdo de algo, como comprar tinta para la impresora, y no llevo mi agenda en papel encima, me mando una nota escrita al chat de WhatsApp que tengo conmigo misma. Es muy útil. Para montar un chat contigo solo tienes que abrir un chat con otra persona de confianza —yo lo hice con mi marido— y, una vez abierto, sacas a esa persona y te quedas tú sola en el grupo. A partir de ahí puedes mandarte cosas importantes al WhatsApp. Si lo que me mando no lo resuelvo en cuanto puedo, lo traslado a mi agenda para que no se me olvide.

- Siempre llevo un bolígrafo borrable dentro de la agenda para actualizarla sobre la marcha, y también suelo llevar un pequeño estuche con esos subrayadores que diferencian mis distintas actividades, sobre todo cuando estoy de viaje. Asimismo, utilizo pequeños marcadores hechos con pósits que pego en el lateral de las hojas y me ayudan a encontrar rápidamente algunas actividades.

De tu agenda de hoy, ¿qué es lo más importante? En mi agenda hay varias actividades diarias, tanto profesionales como personales, pero antes de enfrascarme en el trabajo tengo claro a qué debo dedicar mi atención y esfuerzo sí o sí. Hay veces en que tengo que trabajar sobre una conferencia, memorizar parte de alguna obra de teatro, escribir mi nuevo libro o crear contenido para las redes. En el ámbito personal, tengo que cocinar, entrenar, ir al fisio o asistir a mi cita mensual con la peluquería. Pero, tenga lo que tenga, para mí es muy sencillo elegir qué es lo que sí o sí debo hacer y qué puede esperar. A veces esto lo decido la noche anterior, de tal manera que si la elección del «sí o sí» es correr y me coincide con la peluquería, ya sé que tendré que levantarme un poco antes al día siguiente.

Olvídate de la diferencia entre «urgente» e «importante». Es un follón. A mucha gente le cuesta diferenciar estos dos conceptos. Para mí, el criterio para saber qué tengo que hacer primero es preguntarme: «¿Tengo que resolverlo ahora u hoy, o no?». Yo entiendo que cuando algo es urgente pasa automáticamente al nivel de importante, porque al ser urgente es importante que lo gestione ya. Así pues, no se me ocurre otra distinción que preguntarme: «De todo lo que tengo que hacer hoy, ¿qué debo resolver primero?». Normalmente, como mi agenda está muy estructurada, planificada y organizada, salta a la vista. Hazte estas preguntas: «¿Qué necesito sacar antes?», «¿Qué me corre más prisa?», «¿Qué es prioritario?». Y ponte con ello.

Apunta en el día solo lo que puedas cumplir. En la agenda de papel o digital solo puede estar escrito lo que seas capaz de cumplir. De hecho, esta premisa es una de las claves más importantes de la gente cumplidora: «Promete solo lo que puedas cumplir». No te comprometas con nada a lo que no puedas llegar por el hecho de quedar bien. Contigo también tienes que ser una persona cumplidora. No escribas nada que sepas de antemano que no te cabrá en la jornada. Esas listas interminables que se quedan a medias son muy frustrantes. Como te comentaba en uno de los puntos anteriores, lo que pueda quedarse en el aire y hacerse mañana o pasado, como una llamada para pedir hora para la ITV o el médico, apúntalo en un pósit que puedas ir moviendo de día en día. El hecho de poner un tic o de tachar lo que has hecho es muy reconfortante, pero resulta igual de frustrante ver tareas pendientes imposibles de encajar.

Tu agenda necesita una cita contigo un momento al día y otro a la semana. Es muy importante que tengas la rutina de relacionarte con tu agenda una vez al día y una vez a la semana. A mí me gusta abrirla durante el desayuno, con el café caliente; ver mi día, visualizar algunas cosas y enfocarme en la jornada que tengo por delante. Y una vez a la semana —suele ser el domingo por la tarde— repaso toda la semana, compruebo que no me falte nada y añado algún tema pendiente.

La agenda requiere flexibilidad. Yo anoto continuamente asuntos nuevos que me obligan a mover las actividades bambú. Estas son las que tienen que mantenerse en pie, las que estarán vivas «sí o sí», pero me permiten la flexibilidad de encajarlas a mi gusto para introducir otras actividades menos flexibles, como una reunión o una charla. Recuerda que una agenda flexible necesita una mente flexible. Si cada vez que tienes que mover un asunto te enfadas y no empatizas con quien necesita moverte una fecha, andarás todo el día enfadado.

Futuros proyectos. Ten al final de la agenda unas hojas en blanco o una libreta finita que puedas meter en ella. Ahí puedes anotar ideas creativas, futuros proyectos: todo eso que te ronda por la mente y que no hay que desarrollar ahora, pero que es muy interesante tener por escrito.

Las listas. Las listas tienen que estar dentro de la agenda, en hojas aparte al final o en pósits (tienes pósits tamaño A5, que son superprácticos). Para escribir una lista útil, sigue estos consejos:

1. **No escribas varias listas; es mejor recoger todo en una**: la compra, pasar por la tintorería, llamar al pediatra, entregar el informe pendiente, felicitar a Natalia... Otro asunto distinto es que tengas que hacer la lista del supermercado, que es algo más específico. Esa sí puedes escribirla aparte. Solo hace falta sentido común para decidir si hacer una lista o varias.

2. **Ten expectativas realistas.** No somos superhombres ni supermujeres. Escribe lo que seas capaz de hacer. Una forma de controlarlo es calcular, al margen de cada tarea, cuánto tiempo crees que puede llevarte. Ojito, tendemos a confiar más en nosotros cuando pensamos de cara al futuro, y una lista está confeccionada para realizarla en el futuro, aunque el futuro sea «a lo largo del día». Si tu experiencia te dice que cada día se

quedan cosas sin tachar en tu lista, entonces es que estás exigiéndote de más. El hecho de listarlo no hará que tu jornada pase de tener veinticuatro horas a tener cuarenta y ocho. Las listas no son magia. Trata de ser compasivo contigo. Apunta aquello que creas que eres capaz de llevar a cabo.

3. **Lista de futuribles.** Ten una lista con asuntos que no puedes resolver hoy o esta semana, pero que están pendientes de hacer: llamar al carpintero, regalos de Navidad, la revisión anual con el ginecólogo...

4. **Busca un orden para tus listas.** Las listas sirven para darnos orden, así que necesitas un criterio similar para confeccionarlas. Pueden organizarse por horarios, por prioridades o como tú decidas.

5. **Prioriza en la propia lista.** Pon un asterisco al margen de lo que sí o sí tiene que estar hecho ese día. Así tu mente tendrá una señal visual de lo más importante. Creemos y confiamos en que seremos incapaces de olvidarnos, pero no es cierto. Vamos demasiado atareados, demasiado estresados, demasiado ocupados. La memoria no nos da para más.

6. **Marca en fosforito palabras clave.** Por ejemplo, si la tarea es «recoger certificado», marca en fosforito la palabra «certificado». Las señales visuales son nuestro mejor aliado para que el cerebro preste atención a lo importante.

7. **Hazlas divertidas y atractivas, pero que no te hagan perder mucho tiempo.** Mezcla las letras mayúsculas con minúsculas; utiliza un sistema de colores, signos de exclamación e interrogación... La finalidad es tener una lista que te apetezca leer.

8. **Facilítate tu lista.** Las listas nos facilitan la vida de por sí. Pongámoselo también nosotros fácil a las listas. Escribe al lado de

la tarea datos que te faciliten cumplir el objetivo: números de teléfono, persona de contacto o una palabra clave.

9. **Una vez escrita, hazle una foto con el móvil.** Y guarda la imagen, por si acaso se perdiera la lista.

10. **Y, para finalizar, recuerda: ¡las listas hablan!** Cuando no conseguimos tachar algo día tras día, las listas nos están diciendo que igual es una tarea aburrida, que su nivel de dificultad nos impide afrontarla o que no deseamos realizarla. En este caso es importante encontrar el porqué, pero lo que no puedes hacer es seguir escribiendo esa actividad en la lista. Tener la certeza de que día tras día se repite y no avanzas con ella genera un malestar importante. Busca el motivo por el que no puedes enfrentarte con ella y trata de anotar las soluciones. Pero deja de escribirla en tu lista si no quieres frustrarte. Igual, sencillamente, no es el momento.

Una buena gestión de la agenda es clave. Te ayuda a tener la mente lúcida y te permite gestionar el tiempo en función de tu realidad, no de la fantasía. Yo tengo guardadas todas mis agendas desde hace veinte años. Para mí son un tesoro.

Si quieres ponértelo fácil y ahorrar tiempo, recuerda:

1. **Elige bien la agenda.** Encuentra la agenda que se adapte a tus necesidades.

2. **Antes de anotar nada en tu agenda, anota todo lo que haces durante dos semanas.** Te sorprenderá tu nivel de actividad.

3. **Antes de meter algo en la agenda, piensa si puedes sacar otra cosa.** Para ello necesitas detectar tus actividades vacías.

4. **Si deseas tener más tiempo, haz menos de lo que haces.** Necesitas quitarte tareas de la agenda. Así, sin más razonamiento.

5. **Utiliza un sistema de colores** para reconocer visualmente tus diferentes áreas.

6. **Anótalo todo.** No exijas a tu memoria lo que puede estar por escrito. El sistema de anotación que elijas es muy importante. Trata de personalizarlo; así te será más divertido.

7. **¿Qué es lo más importante que tienes que hacer hoy?** Es fundamental saber a qué tienes que dedicarle tu atención y esfuerzo cada día.

8. **Olvídate de la diferencia entre «urgente» e «importante».** A la mayoría de las personas nos cuesta diferenciar los conceptos.

9. **Apunta en el día solo lo que puedas cumplir.** Promete solo lo que puedas cumplir. Nada más. Incluso a ti mismo.

10. **Asume el compromiso de quedar con tu agenda por lo menos una vez a la semana y en pequeños momentos a diario.**

11. **La agenda, al igual que la mente, necesita flexibilidad.** Detecta cuáles son tus actividades bambú.

12. **Futuros proyectos.** Dedícales un espacio al final de la agenda.

13. **El fantástico mundo de las listas.** Llévalas dentro de la agenda.

7

LADRONES DE TIEMPO

—¿No podrías organizarlo de tal manera —preguntó Momo— que los ladrones
de tiempo no pudieran robar más a los
hombres?

—No, eso no puedo hacerlo —contes-
tó el maestro Hora—, porque lo que los
hombres hacen con su tiempo tienen que
decidirlo ellos mismos. También son ellos
quienes han de defenderlo. Yo solo puedo
adjudicárselo.

MICHAEL ENDE, *Momo*

¿Quiénes son los ladrones de tiempo? ¿Son personas, situaciones, momentos, emociones? Todo puede convertirse en un ladrón
de tiempo. Yo los definiría como esos momentos que te distraen de
donde debes estar y que te hacen perder el tiempo. O, si dotamos
esta sencilla definición de responsabilidad, diría algo así como:
«Momentos en los que te dejas distraer de donde debes estar o
habías decidido estar, y te quitas tu tiempo».

¿Los ladrones de tiempo nacen o se hacen? Es decir, ¿son distractores de por sí o se convierten en distractores de tu vida porque

tú los invitas a entrar en ella? ¿Un mismo ladrón de tiempo lo es para todo el mundo? No, por supuesto que no. Para mí salir a fumar nunca sería un ladrón de tiempo, porque no fumo, pero para muchas personas supone un montón de tiempo al día en el que están dejando de realizar otras tareas por salir a fumar.

¿Hablamos de ladrones de tiempo solo cuando nos referimos a la productividad, al trabajo? ¿O también es un ladrón de tiempo una discusión absurda con tu hijo que no lleva a nada y te hace llegar tarde a pilates?

Un ladrón de tiempo puede ser un valor, como la exigencia, o una emoción, como la nostalgia que se lleva tu atención al pasado. También puede ser un compañero de trabajo que te distrae o una notificación que te llega al móvil. Realmente, todo puede convertirse en un ladrón de tu tiempo. Así pues, aprendamos en este capítulo a detectar los ladrones que tiene cada uno y a darles un portazo para no dejarlos entrar en nuestra vida cuando no tienen que hacerlo. Dicen que no se puede poner puertas al campo, pero pongámosles puertas a los ladrones de tiempo, porque estar presentes van a estarlo, pero si les complicamos un poquito la vida, igual ganamos más tiempo, y de mayor calidad.

Detectarlos y aprender a frenarlos es importante. Llevamos medio libro hablando de la necesidad de gestionar, planificar, renunciar, priorizar, delegar y un sinfín más de infinitos que nos ayudan a tener más tiempo. Después de esta ardua labor, ¿de verdad vamos a concederles a estos ladrones la astucia de quitarnos lo que hemos recuperado? No, no, de eso nada. Aunque sea por dignidad. A ti, querido lector, a partir de ahora el tiempo ganado no te lo quita nadie. Y, además, sería una memez y diría muy poco de ti que a estas alturas del libro, después de haberte currado muchas cositas para tener tiempo para todo, siguieras dejándote arrebatar el tiempo por estos ladronzuelos mequetrefes. Tú eres más fuerte, poderoso e inteligente que ellos.

A continuación te hago una lista de posibles ladrones de tiempo. A ver si te identificas con alguno. <u>Tu tarea consiste en elaborar tu propia lista.</u> Porque no todos los ladrones entran en la vida de uno; si no, sería un sinvivir.

Rutinas que te hacen perder el tiempo. Por ejemplo, limpiar todo perfectamente antes de introducirlo en el lavavajillas. Entonces ¿para qué quieres el lavavajillas? Claro está que no puedes meter en él platos de hace tres días que tienen los restos más pegados que si llevaran Loctite, pero ni Juan ni Juanillo. Todos tenemos rutinas absurdas, redundantes, que más que utilidad nos aportan seguridad, porque las hemos seguido siempre, porque nuestros padres las seguían, porque forman parte de nuestros hábitos. Esas rutinas también te roban tiempo. Muchas están relacionadas con un orden excesivo en el trabajo y en el hogar. No deseo que te pongas a revisar ahora todas tus rutinas; esto sería otro ladrón de tiempo. Pero sí que puedes empezar a tomar conciencia de si te quitan más tiempo que otra cosa, o de si puedes simplificarlas de alguna manera. Conozco a una persona a la que le gusta tender la ropa toda del derecho. Antes de tender, revisa todas las prendas y gira las que estén del revés. Es una rutina que, además, le genera conflictos con sus dos hijos cada vez que tiende. Tiene conflictos diarios porque tiende a diario. Les pide por favor, por activa y por pasiva, que echen la ropa a lavar del derecho. Y estas pequeñas discusiones se convierten en otro ladrón de tiempo… y de emociones. La solución a este ladrón de tiempo es muy sencilla: decidir que en su casa no se lava nada que no esté del derecho. Y cuando sus hijos busquen su camiseta preferida para salir el sábado, se la encontrarán en el cubo de la ropa sucia del revés. No hay más. Se acabó perder el tiempo dando la vuelta a las prendas y discutiendo con la familia. Igual a ti, lector, te parece absurdo lo de dar la vuelta a la ropa, pero es la manía que tiene esta madre. Y es la suya, no la vamos a juzgar. Solo que hay que ponerle solución para que no siga robándonos un tiempo precioso; por ejemplo, de lectura.

A lo largo de un mes, trata de detectar tus rutinas ladronas y piensa de qué forma podrías simplificarlas o incluso hacer que desaparecieran de tu vida. Como dice la canción, «pa fuera, pa la calle».

Comprobar el correo electrónico. ¿Qué tiene el correo electrónico de atractivo para que le prestemos atención cada cinco minutos? Si la mayoría de las veces no es la alegría de la huerta... Son mensajes de publicidad, del trabajo, estafas... Yo decidí hace muchos años no llevar correo electrónico en el teléfono. Si algo es muy urgente, espero que me llamen. Y si no lo es, por mi tipo de trabajo puede esperar a que tenga el ordenador o la tablet. Cuando me han mandado un correo urgente y no he contestado, me han localizado a través de una llamada. Los correos se han convertido en un estilo de vida que no me gusta. Nos facilitan mucho las cosas. Llega la información de España a California en segundos, ¡con archivos adjuntos y todo! Pero la rapidez con la que llega un correo una vez que el emisor le da a «Enviar» es la misma rapidez con la que espera que respondas. Y es aquí donde nos equivocamos. Que la tecnología avance es genial; que me esclavice es una equivocación.

Muchas personas conscientes de esta esclavitud tienen un pie de página amable, empático y respetuoso en el correo que pone: «No te sientas obligado a contestar a mi correo de forma inmediata. Puede que los horarios de mi trabajo no coincidan con los tuyos». ¿No te parece precioso?

Así que, si no es tan inmediato, salvo que estés esperando algo urgente, ¿por qué tienes la necesidad de revisarlo continuamente interrumpiendo así la atención prestada a una tarea? La respuesta es la curiosidad y el FOMO *(fear of missing out*, «temor a perderse algo»). No queremos perdernos nada. No queremos que llegue una noticia y enterarnos los últimos, que llegue algo del trabajo y no estar al día. La novedad nos puede. Pero, al igual que la curiosidad mató al gato, los correos matan nuestra atención y concentración. Por no hablar de la obsesión que tenemos por dejar la bandeja lo más vacía posible. Nos encanta que todo lo que entre en la bandeja se pueda borrar o archivar; cuanto antes vaya a la papelera o se archive, mejor, ¿o no?

Te invito a ponerte un horario para el correo, que puede estar repartido en varios momentos del día. Yo suelo revisarlo a primera hora de la mañana, con el café. Así he conseguido convertirlo en un momento agradable. Cuando dejo despejado todo lo que ha llegado desde mi última conexión, empiezo con otra tarea. Y luego suelo revisarlo cada vez que termino un bloque de trabajo o después de finalizar alguna actividad. Los bloques de trabajo son los espacios de tiempo dedicados a una tarea. Nos ayudan a tener más concentración y nos motivan. Consisten en dedicar cuarenta y cinco minutos o una hora, por ejemplo, a escribir o gestionar un archivo. Y cuando terminas ese tiempo te tomas un descanso. En ese descanso puedes revisar el correo. Yo lo reviso después de acabar de escribir un artículo, después de grabar varios vídeos, después de estudiar un guion... Y cuando estoy de viaje por una conferencia, hay días en los que solo reviso el correo en el tren de ida y en el tren de vuelta. Decide ahora tus momentos para atender el correo y que este no se convierta en una interrupción constante.

WhatsApp, redes sociales o navegar por internet. Para mí estas actividades son al correo electrónico lo mismo que el refrán «tal tú, tal yo, tal la madre que nos parió». Nos distraen igual que el correo o más. Porque a diferencia de este, que tiene un trasfondo más laboral, las redes, los chats y las webs de internet nos llevan a perder el tiempo con aficiones y noticias atractivas, o simplemente nos raptan con chorradas que no nos aportan nada. La mayoría de las veces entras a comprobar tus redes sociales y terminas haciendo clic en un enlace de una web que te lleva a otra noticia que nada tiene que ver con lo que estabas viendo al principio. Las redes poseen un poder de seducción que se convierte en adictivo. Y aquí incluyo entrar en aplicaciones meteorológicas; antes de que existieran, ¿alguna vez en tu vida habías visto el tiempo del telediario tres o cuatro veces al día? Nunca. O webs con productos o servicios rebajados. Parece que uno encuentre una ganga, pero lo cierto es que termina comprando lo de rebajas y la nueva colección, porque ya que el Pisuerga pasa por Valladolid...

Autorregúlate poniéndote límites que seas capaz de cumplir. No se trata de prohibirte usarlas, sino de hacerlo a modo de descanso decidiendo cuánto tiempo les dedicarás. Ponte para ello una alarma. Igual decides tomarte un descanso para desayunar a media mañana y revisar entonces las últimas publicaciones sobre recetas veganas. O puede que te relaje desayunar leyendo los muchos mensajes que entran en el chat del cumple de una amiga. Pero una vez que acabe el tiempo que hayas decidido asignar al móvil, distánciate de él o ponte una aplicación que te limite el uso. Y, por favor, quítate todas las notificaciones. Hay teléfonos que, aunque estén en silencio, no paran de avisar de notificaciones de todo tipo: WhatsApp, Tinder, Vinted, correo electrónico, apps de comercios, Renfe… Es un sinvivir. Concretamente, respecto a WhatsApp, quítate la última conexión. Que no sepas si te entran los mensajes o no. Silencia los grupos y archiva aquellos en los que no intervengas. Y sal, por Dios, sal de donde no desees estar. No refuerces las chorradas, los memes, el contenido absurdo. Así la gente sabrá que no te hacen gracia y no te mandará más. A mí me molesta que me hagan perder el tiempo con chorradas. Sé claro. Di que no estás en WhatsApp para perder el tiempo ni para compartir cosas que se pueden compartir el fin de semana con unas tapas y en persona. Yo incluso tengo en mi perfil la siguiente frase: «No me gusta WhatsApp, me quita mucho tiempo. Entro de forma ocasional. Si es urgente, llama ♡ ♡». Lo de los corazones es importante. Me parece un gesto amable.

El café. Gran bebida, gran ladrona de tiempo. Aunque te tomes un agua, la frase es «Vamos a echar un café». Lo echas contigo, con un compañero del trabajo, con un cliente o con un amigo que pasa cerca de tu trabajo. Te bebes más cafés de los que te gustaría, porque el café es la excusa para salir de donde estás; es el descanso, la distracción, el hábito. Puede que estés concentrado en algo y, a pesar de todo, si aparece un compañero y te propone echar un café, en ese momento, «si tú me dices ven, lo dejo todo».

Decide y planifica tus *coffee times* del día. ¿Conoces la maravillo-sa canción «Coffee time», de Natalie Cole? La tarareo cada vez que voy a por un café. Si tienes la costumbre de salir a desayunar o tomar café en algún momento concreto del día, hazlo coincidir con alguien del trabajo o con un cliente, o que sea tu momen-to contigo. Ten preparada una frase para renunciar a la propuesta de algún compañero: «Te lo agradezco; acabo de salir a tomar uno y estoy enfrascado en una tarea que desearía acabar. Mañana nos lo tomamos juntos».

YouTube y las series. No solo nos robamos tiempo en el trabajo; también lo hacemos en nuestra vida personal. Con YouTube y con las series tenemos el mismo vicio que cuando navegamos por in-ternet: no sabemos cuándo parar. Además, ahora las series tienen esa manera de facilitarnos la vida sin que necesitemos darle al *play* para ver el siguiente capítulo. Así que, sin darnos cuenta, tanto en la plataforma de vídeos como en las plataformas de series, un capí-tulo salta después del otro, y eso, junto con los *cliffhangers* (recursos narrativos o visuales que nos dejan con la curiosidad a flor de piel justo al final del capítulo), nos lleva a no saber ponerles freno. Series y vídeos nos dan tiempo de ocio, y muchos de ellos son documenta-les o series maravillosas que aportan calidad de vida y sosiego. Pero tenemos que saber ponerles un tiempo para que no nos lo roben de otras actividades culturales, el ocio o los hábitos saludables, como el ejercicio, el sueño o quedar físicamente con amigos.

Y algo muy importante: si detectas que tu consumo de series se asemeja a una adicción y sientes que no tienes el control, desa-púntate de la plataforma un tiempo. Durante ese tiempo trata de buscar nuevas aficiones.

Agiliza, que no es lo mismo que ir con prisas. No hagas despacio lo que puede llevar más ritmo, más ligereza. Un ejemplo es la lectura y escribir en el ordenador. Siempre me han dicho que escribo muy rápido en el ordenador. Cuando acabé mi primer año de Psicología todavía se podía aprobar el curso por parciales. Si aprobabas los parciales, te quitabas la materia y adiós muy buenas. Yo en mayo de mi primer año lo tenía todo aprobado, y resultó que a finales de mayo ya no tenía ninguna obligación universitaria, ningún quehacer aparente. Había aprobado todo y no tuve que ir a ningún examen final, así que mi abuelo me sugirió que me apuntara a un curso de mecanografía; vamos, para hacer algo. Recuerdo que era un aburrimiento, pero mi abuelo me dijo que aprender a escribir rápido a máquina era interesante. Fue un visionario, porque el hombre no tenía ni idea de que iban a llegar los ordenadores a nuestra vida con este nivel de presencia que tienen en la actualidad. Así pues, aprendí a escribir a toda velocidad a lo largo de un mes. Ahora tecleo superrápido y cometo pocos errores. Esto me agiliza mucho el tiempo. Y hoy en día, si estás interesado en coger más agilidad, ni siquiera tienes que ir a clase. Hay un montón de programas de ordenador que te enseñan de forma autodidacta a escribir deprisa. No pierdas tiempo buscando las letras con los deditos ni con una falsa velocidad que te hace adquirir vicios que te impiden avanzar.

Llamadas. Es cierto que entre los wasaps y el correo se ha reducido enormemente el número de llamadas, pero, aun así, perdemos tiempo con ellas. A veces llamamos e interrumpimos a otros, o nos llaman y nos interrumpen.

Si eres de esas personas que por su trabajo tienen que realizar muchas llamadas diarias, busca la forma de agruparlas o de realizarlas cada cierto tiempo, como establecimos con la revisión de correos.

A nivel personal, si tienes varias llamadas que hacer (pedir cita en el médico, hacer una reserva o una reclamación…), busca un horario que encaje con todas y hazlas de golpe. No sé a ti, pero a mí las llamadas me dan mucha pereza. Y ya que me pongo con una, me gusta quitármelas de encima todas a la vez.

Puedes seguir estos consejos respecto a las llamadas para minimizar la interrupción y el robo de tiempo:

- Si vas a realizar una llamada en un horario en el que puedes interrumpir el descanso o el trabajo, llama solo si es algo urgente que no puedes resolver por otra vía.

- Si no es urgente y es por placer, y se trata de un horario que puede ser de trabajo o de descanso, pide permiso por WhatsApp: «¿Te viene bien que te llame ahora?».

- Si no hubieras preguntado, pregunta cuando llames si es un buen momento para hablar.

- Si no deseas ser interrumpido por una llamada, tanto si estás trabajando como corriendo o viendo una película con tus hijos, silencia el móvil. Oídos que no oyen, interrupción que te ahorras.

- Pon límites amables y amorosos a esas llamadas que te da pereza atender porque te cogen en momentos de cansancio, de saturación, pero que vienen de personas importantes para ti, como tu madre. «Mamá, me encantaría hablar contigo un ratito, pero ahora estoy agotada; tengo muchas cosas pendientes en casa. ¿Te parece que te llame yo mañana?», «Isabel, amiga, me coges ocupada; si solo es por gusto, te llamo en otro momento más tranquila».

Deja de quejarte. Hace poco tuve que acudir a una oficina de Hacienda. Tenía que pedir un certificado digital. Me llamó poderosamente la atención cómo una funcionaria que no tenía a nadie a quien atender en su mesa no hacía más que quejarse en voz alta sobre un procedimiento que debía redactar, molestando así a sus compañeros. Fue de mal gusto, inapropiado por su parte y de una pérdida de tiempo increíble. Se limitaba a despotricar: «Vaya mierda este formulario, me tiene hasta los huevos» (comentario literal), no solo delante de sus compañeros, sino también de los contribuyentes que estábamos escuchándola. Sus compañeros la miraban y le respondían con serenidad, tratando de calmarla, pero lo cierto es que estaban todos distraídos por su culpa. Cállate, fomenta el silencio, rellena el formulario y deja a la humanidad en paz.

Las quejas de los demás no solo nos distraen; nos generan malestar. Pero las quejas propias también distraen porque ponen el foco de atención en lo que no funciona, en lo que consideras injusto, en la parte más negativa de la vida. Que haberla, hayla, pero no es necesario estar todo el día verbalizando lo mal que funciona todo, las personas que te fallan, las dificultades con las que te encuentras, el mal tiempo porque nunca llueve a gusto de todos, etc. Prueba, por favor, a entrenarte en quejarte menos. Empieza por una mañana sin quejas, un día sin quejas, una semana sin quejas. Y no quiero desanimarte con este punto a hacer una crítica constructiva si en un restaurante te sirven la sopa fría. No es eso. Me refiero a la queja por la queja, sin más finalidad que sacar la basura que llevas dentro.

Para las tareas repetitivas, ponte momentos concretos. Tenemos que lidiar con actividades que se repiten a diario o con una frecuencia concreta. Suelen ser actividades más automáticas, como repasar el estado de las cuentas, mandar facturas a la gestoría, regar las plantas, encargar el café mensualmente por internet o hacer la compra semanal de frescos. Es ideal agendar las tareas repetitivas en un mismo día y una misma hora, si tu agenda te permite esta organización. Así tendrás que pensar menos. Automatizarlas y convertirlas en un hábito te ayudará a gestionar el tiempo y la pereza que puedan generarte.

Di adiós a tu exigencia y perfeccionismo. ¿Alguna vez has pensado en cuánta calidad de vida te quitan? No existe la perfección. Solo existe la posibilidad de mejorar, crecer y superarse. Cada vez que vemos algo cuasi perfecto tendemos a querer hacerlo mejor. Si eres de esas personas que no se quedan tranquilas por más horas que dediquen a su trabajo o a su vida personal, lo único que conseguirás es la insatisfacción eterna. Ese nivel de perfeccionismo merma nuestra autoestima, porque tenemos la sensación de que las cosas nunca están lo suficientemente bien como para presentarlas o darlas por acabadas. Hemos de aprender a diferenciar entre lo que está «realmente bien» y lo que es «perfecto». Además, la calidad que va de «realmente bien» a «perfecto» no suele ser perceptible para los demás. La mayoría de las veces solo tú eres capaz de darte cuenta. El resultado de haber dejado algo «realmente bien» no justifica el tiempo que has invertido para que quedara «perfecto». Te lleva a perder tiempo en matices que la mayoría no percibe y disminuye mucho tu nivel de productividad.

¿Sabías que las personas excesivamente responsables, es decir, las perfeccionistas, sufren más ansiedad que el resto? En una investigación de la Universidad de Hiroshima y la de Florida Central se estudiaron tres tipos de sentido de la responsabilidad:

- Responsabilidad de proteger a los demás.
- Responsabilidad para estrujarse la cabeza en la búsqueda de soluciones.
- Responsabilidad sobre acontecimientos negativos y culpa.

Indudablemente, el sentido de la responsabilidad es uno de los valores más importantes, porque abarca tu formación, tu profesión, tus relaciones de pareja o tu autocuidado. La responsabilidad está presente en todas las áreas de la vida. La ausencia de responsabilidad impide llevar una vida plena, protegernos o proteger a los nuestros. ¿Cómo podríamos finalizar un proyecto, acabar una carrera, cuidar de nuestra alimentación, estar pendientes de quienes nos necesitan, si no fuéramos responsables? Pero ¿dónde está el límite entre ser responsable y comportarse con cierta obsesión o con una actitud controladora? El límite lo marcan las señales que emiten nuestro cuerpo y nuestra mente, y que rara vez escuchamos. Porque escucharlas supondría tener que cambiar el mal hábito de ser excesivamente responsables, y eso no lo queremos.

¿Eres consciente del precio que estás pagando? ¿Eres consciente de que nadie te pide tanto? ¿De que los que están alrededor serían igual de felices o más, estarían igual de protegidos y disfrutarían de casi lo mismo si bajaras tu nivel de exigencia y perfeccionismo?

Proponerte un cambio que suponga bajar tu nivel de perfeccionismo cuando ahora lo asocias a resultados positivos es complicado. Pero piensa por un momento cómo te sentirías y qué peso te quitarías de encima si pudieras delegar o bajar tu listón. ¿No tendrías un poco más de tiempo para ti, o incluso menos preocupaciones? Puedes empezar por formular cada mañana el siguiente propósito: «Si viviera este día de hoy con un nivel menor de perfeccionismo, ¿qué podría delegar, qué podría dejar de hacer o a qué podría dedicarle menos tiempo? ¿Cuáles serían las consecuencias? ¿Podría asumirlas? Y lo más importante: ¿a qué podría dedicar ese tiempo que ganaría bajando un poco mi nivel de perfeccionismo, exigencia y compromiso?». Ese tiempo igual es el que no encuentras para alguna afición pendiente, para tu autocuidado, para tus rutinas de belleza o tu ejercicio físico, o simplemente para perderlo contigo.

Si quieres ponértelo fácil y ahorrar tiempo, recuerda cuáles son tus ladrones de tiempo para que dejen de robarte lo más preciado:

1. **Ojo con las rutinas que te hacen perder el tiempo.** Hay actividades que tenemos que aprender a simplificar.

2. Ponte tiempos para contestar el **correo electrónico.**

3. La misma norma que te pongas para el correo también funcionará para tus **redes sociales, WhatsApp o navegar por internet**.

4. **Cafés contigo, con compañeros, con clientes...** Decide cuántos cafés interruptores tendrás a lo largo del día.

5. **YouTube y las series.** Márcate un tiempo o número y autodisciplínate para no ver más.

6. **No hagas despacio lo que puede llevar más ligereza.**

7. **Llamadas.** Las llamadas son un interruptor importante. Pon en silencio el teléfono y pide permiso cuando vayas a hacerlas tú.

8. **Deja de quejarte.** Consume tu tiempo, tu energía y la de los demás. Nadie se siente bien después de estar quejándose o escuchando quejas.

9. Ponte tiempos concretos para las **tareas repetitivas**.

10. Di adiós a tu **exigencia y perfeccionismo**.

8

DI NO Y APRENDE
A PONER LÍMITES

*Cada hombre tiene su tiempo, y mientras
siga siendo suyo, se mantiene vivo.*

MICHAEL ENDE, *Momo*

Uno de los motivos por los que nos falta tiempo es la cantidad que perdemos en compromisos propios y ajenos a los que tendríamos que haber renunciado. Casi todos los seres humanos somos sociables, solidarios y serviciales por naturaleza. Gracias a esta condición hemos conseguido sobrevivir. Ayudarnos mutuamente, respaldarnos y apoyarnos es clave para vivir en sociedad, para ser tribu, equipo. Una sociedad individualista nos llevaría a la extinción. Y, ojo, que en camino vamos. Por eso valores como la generosidad, el altruismo, la compasión, la servicialidad, la entrega o el esfuerzo nos ayudan a sobrevivir. De hecho, nuestro cerebro genera oxitocina, la hormona del amor y la compasión, cuando ayudamos a otros.

Entregar nuestro tiempo a los demás es de buenas personas. Y nos gusta ser buenas personas. Nos sienta bien, nos genera bienestar. Y, además, somos reconocidos y validados cuando nos comportamos conforme a estos valores. Las personas aprendemos desde pequeñas que cuando nos mostramos generosas, cuando nos damos a los demás, nos llenan de amor y gratitud. Y generamos esta conexión entre «recibir afecto y sentirnos queridas» y «entregarnos a los demás». Y en parte debe ser así. Si no nos sintiésemos bien siendo amables y generosos, y si nadie le diera valor, igual dejaríamos de serlo. Y la especie humana se tambalearía.

Pero todo tiene un límite. En esta dicotomía en la que vivimos entendemos que si nos damos, somos buenos, y si no, somos egoístas. Para las personas, la reputación es importante. Nuestra autoestima depende de la valoración de otros y de la reputación que vamos generando. Nos gusta sentirnos queridos. Nos gusta que hablen bien de nosotros. Y para que esto ocurra hay personas que terminan pagando un precio altísimo: dar más tiempo del que tienen, comprometerse con lo que no son capaces de abordar, sacrificar su salud física y mental con tal de agradar, complacer, caer bien y seguir obteniendo reconocimiento por su implicación.

Encontrar el punto medio es muy difícil. Más que encontrar el punto medio y el equilibrio, la dificultad radica en reconocer las señales de que estás sobrepasado, de que tienes que poner límites y saber ponerlos. Y gestionar el sentimiento de culpa que supone no darte a todo el mundo en todo momento.

A estas alturas de la película no te estoy contando nada nuevo. Sabes la teoría, pero te cuesta elevarla a la acción. ¿Por qué? Porque, como en todos los cambios, salir de la zona cómoda, a pesar de que estar en ella te sobrepase, cuesta. Y en este caso cuesta aún más porque hay que entrenar habilidades para poner límites, y estrategias emocionales para gestionar el malestar que supone dejar de ayudar. Tienes doble tarea: decir no y gestionar la culpa por decir no.

Trabajar la culpa no es razonar contigo mismo la idea de que tienes derecho a disponer de tiempo para ti. Te sabes todos estos argumentos. La culpa se trabaja cuando se aprende a convivir con ese sentimiento. Porque hasta ahora razonarlo no ha generado que seas capaz de decir no. Tú sabes que no puedes estar para todo el mundo. Tú sabes que necesitas descanso y tiempo para ti. Tú sabes que el autocuidado es importante para cuidar de tu salud física y emocional. Es más, que el autocuidado forma parte del respeto que te tienes a ti y de tu responsabilidad con tus emociones y tu salud. Y, aun así, estos argumentos, importantes y de peso, no son capaces de generar el cambio en ti. Porque sentirte mal y poder ser rechazado por aquellas personas que se acostumbraron a tu ayuda, a tu disponibilidad absoluta y a que fueras tú quien les resolviera la vida o el trabajo te supera. Muchas veces esas personas saben hacer por ellas mismas lo que tú les resuelves, pero prefieren pedírtelo a ti porque su comodidad está por encima de tus necesidades y de tu tiempo.

Si razonarlo no funciona, igual lo que puede funcionar es aprender a vivir con ese sentimiento de culpa. Que ya te anticipo que te irás acostumbrando a él y que llegará el día en el que ni siquiera lo sientas. Pero decir no y poner límites sin sentirte mal es bastante complicado al principio, así que acepta el precio de sentirte mal contigo mismo en este inicio de cambio de hábitos. Te invito a exponerte a esa emoción, la de la culpa. No la evites. Evitas emociones como el miedo, la ansiedad o la culpa porque al hacerlo entras en una zona segura. Te alivias. Algo así como: «Bueno, qué me cuesta ir a recogerle este paquete a correos, si es una horita de nada». Y al aceptar hacer este recado vuelves a sentirte bien contigo mismo, te relajas, evitas el malestar de la culpa, pero te quedas sin ir a nadar o a andar, o sin dedicarle ese tiempo a tu lectura. Las conductas de evitación son cortoplacistas. Producen bienestar emocional a corto plazo, pero a medio y largo plazo no solucionan el problema; en este caso, el de tu gestión del tiempo.

Las terapias de exposición que utilizamos para vencer los miedos y las fobias también son adecuadas para vencer el remordimiento y, poco a poco, ir sensibilizándote con esta emoción. Te darás cuenta rápidamente de que no se cae el mundo, de que no muere nadie, de que tu vida tampoco cambia tanto. Pero hasta que no te expongas no conseguirás vencerlo.

Saber decir un **no** a tiempo abre las puertas de la libertad. Muchas personas son cautivas de sus palabras, y una de las que más nos condicionan es el **sí** por defecto. Cuando no sabes decir **no**, terminas siendo esclavo de lo que no deseas, siendo servil en lugar de servicial, viviendo la vida que otros quieren para ti y para ellos en lugar de elegir la tuya propia. Cuando dices **sí** queriendo decir **no**, haces renuncias no planificadas que generan frustración. No te sientes dueño de tu vida ni de tus momentos. Esto afecta a tu autoestima: «No soy capaz de defender mi tiempo, de elegir qué hacer con él ni de involucrarme en lo que deseo».

Además de por la validación externa y lo bien que nos sienta, ¿por qué nos cuesta tanto decir que **no**? Estos son los siete motivos que nos dejan fuera de juego:

1. **Miedo a perder a la gente.** Somos animales sociales; nos gusta sentirnos queridos, tenidos en cuenta y pertenecer a un grupo. Interpretamos decir **no** como fallar a alguien, y este acto puede hacernos perder a la persona. Pero, sinceramente, si pierdes a alguien por rechazar una petición, tampoco debes de estar

perdiendo a alguien valioso. Porque se trata de una persona que tiene condicionada su amistad o su amor a «o haces lo que te pido o no importas en mi vida».

2. **Ser agradable es un valor.** Si preguntamos a la gente por su escala de valores, estoy segura de que la mayoría tiene la generosidad, el compañerismo, el altruismo o la cooperación como parte de su lista. Vivir con honestidad significa vivir conforme a tu escala de valores. Por ello, a veces no sabemos dónde están los límites de esos valores. No sabemos si debemos seguir dando o si debemos empezar a darnos a nosotros mismos y tener tiempo para nosotros.

3. **Nos sentimos bien ayudando.** Somos personas altruistas. Cuando participamos en el bienestar de una persona, cuando nos convertimos en facilitadoras, también aumenta nuestra propia satisfacción. Así que la conducta altruista tiene una parte de «sano egoísmo», y es que permite que nos sintamos orgullosos de nosotros mismos por haber ayudado a otros.

4. **Miedo a las represalias y a las consecuencias.** «Si digo que no puedo quedarme más tiempo en el trabajo, mi jefe no me renovará el contrato». A veces un **no** está sujeto al chantaje emocional de otras personas que tienen poder sobre ti. En esos casos, la gente actúa por miedo a la pérdida y no pone límites a situaciones injustas.

5. **Carencia de habilidades sociales.** Decir **no** nos pone nerviosos, balbuceamos, dudamos, y, ante la duda, decimos que sí porque nos alivia momentáneamente la ansiedad, a pesar de que cuando reflexionamos y somos conscientes de con qué nos hemos comprometido nos genera más ansiedad de la que teníamos al principio.

6. **Baja autoestima.** La persona siente que no tiene la capacidad, el valor o la seguridad suficientes para poner límites a las peticiones de otros. Como si las exigencias o necesidades de estos estuvieran por encima de las propias. Cuando no te quieres, cuando no te aprecias, cuando no te das valor, piensas que los demás y sus necesidades son más importantes que las tuyas.

7. **Escala de valores.** Cuando eres padre o madre o cuando trabajas para alguien, muchas veces sientes que estás en la obligación de atender las necesidades de tus hijos o de tu jefe antes que las tuyas. Para muchos esto es sinónimo de sacrificio, de amor incondicional o de disponibilidad absoluta. Y entienden que, si no se comportan así, están siendo egoístas.

¿Cuándo empezar a cambiar? ¿Esperando el momento perfecto?

Hay personas que esperan que cambie el entorno para empezar a cambiar ellas. «Ya se darán cuenta de que estoy agotada», «Entenderán que no doy más de mí y dejarán de pedirme las cosas». Siento decirte que esto no va a ocurrir. La gente también anda muy liada con su vida, sin tiempo para observar la tuya, para empatizar contigo. Siguen metidos en su dinámica y en sus hábitos, hábitos que realizan sin analizar, y entre ellos está el pedirte cosas. Te las piden a ti porque no pones problemas, porque eres resolutivo, porque pones a los demás antes que tus necesidades, porque eres servicial, porque pedírtelo a ti es fácil y cómodo. Tú eres quien tiene que tomar la decisión de generar el cambio. No lo hacen adrede ni porque sean malas personas, ni siquiera egoístas. Lo hacen porque no prestan atención, porque no tienen tiempo para ver cómo estás tú dentro de tu vida. Salvo que tú lo hables y lo expliques.

Si alguien te pide un favor, ese alguien cuenta con las dos respuestas: el **sí** y el **no**. Que los demás te pidan que hagas algo por ellos no significa que estés obligado a hacerlo. <u>Cada vez que aceptamos peticiones que no tenemos ganas de realizar estamos ninguneándonos y menospreciando nuestro tiempo y nuestras prioridades.</u>

Empieza por plantearte estas cuatro preguntas:

- ¿Qué es lo peor que podría pasar si empezaras a poner límites y a dejar de ocuparte de actividades que pueden hacer otras personas?

- ¿Podrías cargar con esa consecuencia, como que cambiaran la opinión maravillosa que tienen de ti o que contaran menos contigo para otros temas?

- ¿En qué podrías invertir el tiempo que ahora pierdes en asuntos en los que no eres imprescindible? Es muy complicado que te comprometas con poner límites y decir que no si no sabes en qué te beneficiará. Sí, sabes que contarás con más tiempo, pero ¿para qué lo quieres?, ¿qué deseas hacer con él que te haga sentir bien? Cuanto más concretes, mejor.

- ¿Puede hacerlo otra persona? ¿Tienes que hacerlo tú? ¿Puede otra persona hacerlo por ti? No como favor, sino como rutina. ¿Es necesario que seas tú el que haga lo que estás haciendo, o solo responde a un hábito o una creencia?

Está claro que no siempre podemos anteponer lo nuestro, y que decir **no** o poner límites no puede ser la regla general. ¿Cuándo decir sí y cuándo rechazar una petición? Sinceramente, no hay una norma universal porque, como todo, depende de nuestra escala de valores, del tiempo del que dispongamos, de la apetencia o del tipo de favor que nos pidan. Es decir, de muchas variables. ¿Qué hay que tener en cuenta antes de decir que **no**?

1. **Tu apetencia, tu decisión, tu elección.** Esto es lo más importante. ¿Te apetece hacer lo que te piden? ¿Te importa? ¿Aquello a lo que renuncias en tu vida para complacer a esta persona es viable para ti? Si vas a ir a hacer un recado y alguien te pide que te desvíes un poco de la ruta para llevarle algo, la renuncia de veinte minutos de tu tiempo es una cosa que puedes soportar. Pero si te piden un recado que implica que pierdas dos horas, igual no estás dispuesto a hacer ese sacrificio mayor.

2. **El vínculo.** Hay personas a las que nos cuesta más decirles que **no**: los hijos, los mayores que nos necesitan, un amigo tierno y amable que siempre está para nosotros, nuestro jefe. Está claro que los lazos emocionales u otro tipo de intereses que tengamos con la persona pueden condicionar nuestra entrega respecto a ella.

3. **La reciprocidad de la relación.** ¿Cómo es de amable y servicial esa persona contigo? ¿Cuando la necesitas está, o es la típica que siempre pide, pero luego siempre va a lo suyo? No se trata de medir lo que damos, pero sí de definir relaciones justas en las que no sientas que abusan de ti.

4. **La necesidad del asunto.** ¿Solo puedes hacer este favor tú, o eres el blanco fácil que siempre dice que sí? ¿Es algo urgente, importante, decisivo para el otro? ¿Puedes sugerirle que pregunte a otra persona? Las personas tienden a buscar a los más resolutivos, los más serviciales, los que no generan conflictos, aquellos que les dan seguridad y están disponibles sin rechistar. Así que la tarea o el favor siempre recae en los mismos. Esto es muy típico con los hijos mayores. Les pedimos casi todo a ellos y terminamos cargándolos con responsabilidades que podrían asumir los pequeños porque tenemos la seguridad de que ellos lo resolverán mejor y con más soltura.

5. **La disponibilidad.** ¿Tienes tiempo o se lo robas a otras actividades? La sensación de no llegar a nada genera mucha angustia. Si además de tus obligaciones tienes que encargarte de otras que no te corresponden, el nivel de ansiedad puede incrementarse. Tal vez no tengas tiempo o desees disponer de ese tiempo para otros menesteres. Puede que el plan sí te guste, que la cena que te proponen sea divertida o que el proyecto laboral te parezca superatractivo, pero decir sí supondrá renunciar a un tiempo que necesitas para descansar. Tú también debes aprender a regularte; no puedes estar en todos los frentes, ni personales, ni sociales, ni profesionales. Porque el día tiene veinticuatro horas. Que no te dé miedo perderte cosas. Una clave para gestionar el tiempo y para disponer de él es hacer renuncias. No podemos realizar todos los sueños que teníamos de pequeños. No damos para todo. Y aceptar que no podremos viajar todo lo que nos habría gustado a los veinte años ni estar en veinte mil proyectos laborales superatractivos es clave para cuidar de ti y de tu tiempo.

6. **Las consecuencias.** Si rechazas su petición, ¿qué consecuencias tiene para ti? ¿Son asumibles, te condicionan? Puede que termines diciendo que sí por miedo a perder el trabajo, a perder la pareja o a perder la relación con un amigo. Si te ves entre la espada y la pared, igual tienes que valorar si te vale la pena pagar ese precio por tener ese trabajo, esa pareja o esa relación de amistad. Igual no puedes decir hoy que no, pero la dificultad para rechazar esa petición puede ser la señal para buscar otro empleo o empezar a pensar en romper una relación que te controla o manipula.

7. **Tu estado anímico.** Hay veces que estamos felices, relajados y nos importa menos sacrificar algo nuestro por el bien de otros. En otras ocasiones, la preocupación, el estrés o el ritmo de vida que llevamos nos conducen a buscar descanso y no estar disponibles para nadie. Es como si hacer un favor más colmara nuestro vaso porque necesitamos descansar.

8. **Cuando el plan no te apetezca porque tengas otras prioridades.** No aplaces compromisos que no te apetecen. Dentro de un tiempo tampoco te apetecerán. La persona seguirá estando interesada en ti, y tú seguirás sin estar interesado en ese compromiso. Lo aplazas porque te cuesta decir que no o porque piensas que más adelante igual tendrás más tiempo. Pero la realidad es que llegado el día de esa comunión a la que hace meses no te apetecía ir o esa cena que te agota, seguirá sin apetecerte ir. Si no sabes qué contestar cuando te lo planteen, pide tiempo. Di que tienes que consultar la agenda, que desconoces cuáles serán tus compromisos para ese día y que en breve confirmarás si sí o si no. Valora con calma las consecuencias de ir o de no ir. Y si te decides por el no, haz esa llamada. Con

educación, con gratitud, pero con firmeza. No te dejes convencer. No te salgas de tu argumento.

9. **Cuando no te guste el plan.** Imagina que hay un plan de fin de semana que no te apetece o te plantean un proyecto laboral que no te atrae nada. Intentarán convencerte de que es divertido, de que al final te lo pasarás genial, de que no seas tonto y te apuntes, o de que el proyecto laboral igual es tedioso pero será muy interesante para tu carrera profesional. Recuerda que estas personas están pensando en ellas, en su comodidad, en que contar contigo les gusta. Pero los argumentos no están basados en lo que tú deseas o necesitas; están basados en lo que necesitan ellas. Di claramente que no te atrae, que tienes otros planes más atractivos para ti, que les agradeces que quieran compartirlo o contar contigo, pero que en esta ocasión no podrá ser.

En la previa al no...

- **Ten en cuenta las necesidades de la persona.** No es lo mismo que tu hijo te pida de forma ocasional que lo lleves al colegio en coche en lugar de ir en transporte público porque así apura para repasar un poco para el examen que que lo haga cada día porque es más cómodo para él. En la primera situación hay una necesidad puntual que te puede hacer ceder ante tu «pérdida» de tiempo, mientras que en la segunda hay un componente de egoísmo por parte de alguien que quiere tener más comodidad a costa de tu tiempo.
- **¿Con qué frecuencia suele pedirte favores?** Si es alguien que trata de resolver las cosas por sí mismo, que no suele pedir favores, quizá

su petición se basa en una necesidad real. Pero existen personas que, pudiendo resolver sus temas, aun así buscan que otros lo hagan por ellas. En el caso de los hijos, cuando cedemos a este tipo de peticiones estamos privándolos de que exploren de qué son capaces y de que cojan experiencia con valores como el trabajo y la disciplina.

- **¿Cuáles son tus prioridades?** A pesar de que tu hijo tenga un examen o de que alguien que habitualmente no te pide favores te pida uno, si tienes algo urgente o importante que llevar a cabo, piénsatelo. Puede que la decisión de ceder ante la necesidad de otro te acarree consecuencias negativas en tu actividad. No deberías postergar por otros una prueba médica, una reunión de trabajo o cualquier asunto que, en tu escala de valores, sea innegociable.

- **Valora las consecuencias de decir no.** Hay **noes** que pueden pasarte factura, justa o injustamente. Podría decirte que tiraras de dignidad y fueras siempre por la vida haciendo lo que crees que mereces, pero lo cierto es que la vida tiene una serie de reglas, injustas pero reales, con las que hay que aprender a convivir. A pesar de que tu hora de salida del trabajo sea las cinco de la tarde, si tu jefe te pide una reunión en ese momento, igual tienes que ceder. Otra cosa es que se convierta en una norma y altere las condiciones de tu contrato o lo que tú estás dispuesta a ceder.

- **Pide tiempo si no tienes claro si decir no o si ceder ante la petición.** Igual que no estás obligado a decir que sí ante una petición, tampoco estás obligado a dar una respuesta sin meditarla. Hay favores que no son inmediatos. Imagina que eres abuela, joven, activa, tienes planificada una serie de actividades para el fin de semana y tu hija te pide que esos días te quedes con su hijo. Te gusta estar con tu nieto, pero también te gusta tu plan de actividades con las amigas. En este caso es bueno pedir tiempo para pensártelo o para proponer una solución alternativa. Si la persona te pide una respuesta inmediata, dile sinceramente que no se la puedes dar, sin más explicación.

¿Cómo decir no?

No existe una regla general para decir **no**; depende de muchos factores. Pero una vez que los has tenido en cuenta, solo queda saber cómo expresarlo de manera asertiva. Decir que **no** y rechazar peticiones forma parte de la lista de conductas asertivas. Esto es, forma parte de la lista de personas que se relacionan sin ansiedad, sabiendo respetar su tiempo, sabiendo poner límites a los demás y expresando amor, agrado y afecto; las que saben aceptar y decir cumplidos, o las que saben hablar en público. Así pues, cuanto antes tengas esta habilidad, antes podrás enfrentarte relajadamente a estas situaciones no siempre cómodas.

Decir **no** permite darle valor a tu tiempo, tener control y saber que eres tú el que decide en qué proyectos te embarcas; saber quién está contigo de verdad y quién lo está por conveniencia. Decir **no** también te enseña a aprender a buscar la valoración en ti en lugar de ser reconocido por todo lo que das a los demás.

La persona que te pide algo, salvo que sea una gran manipuladora o que te tenga completamente sometido y controlado, cuenta con el **no** como alternativa. ¿Cómo decir que no? Decir **no** es sencillo siguiendo estos consejos:

1. **Valora el favor que te piden, la petición o el proyecto.** En caso de duda, recuerda que no tienes por qué dar una respuesta inmediata. Di a la persona que te lo pensarás, que consultarás la agenda, que lo hablarás con tu familia, etc. «En este momento no sé si podré ocuparme de este caso», «Puede que ese fin de semana tenga otro compromiso pendiente de confirmar; te digo algo cuando lo tenga claro», «Ahora mismo no puedo decirte nada seguro».

2. **Si de verdad tienes claro que es una petición que no te apetece, que es injusta o que te impide priorizar lo que para ti es importante, di NO.** Di no con educación, con respeto, pero con firmeza. Tus dudas y tu sentimiento de culpa te delatan, de tal forma que si la persona que te pide algo es insistente, lo normal es que tense la cuerda hasta que claudiques. Es importante que te mantengas firme con educación. No te justifiques, no des explicaciones ni mientas, no pidas perdón. Sé claro y directo. «No voy a poder acompañarte este fin de semana a ese evento porque tengo otros compromisos. Deseo que te lo pases genial; debe de ser toda una experiencia», «Gracias por incluirme en la cena de amigos, pero este fin de semana he pensado en no salir y descansar. Necesito tumbarme en el sofá y no hacer nada», «Sé que es un proyecto muy interesante a nivel profesional, pero no deseo involucrarme ahora en nada más. Necesito despejar mi agenda para tener tiempo para alguna afición pendiente».

3. **No te dejes chantajear.** A veces la persona que recibe el «no» no lo acepta, y puede que insista. Utiliza entonces la técnica del disco rayado. Se trata de repetir una y otra vez la misma frase: «Lo siento, esta vez no puede ser». Si te desgastas justificando de más el motivo por el que dices no, puede que a cada argumento

tuyo le busque un contrargumento. Y al final, de puro cansancio y por miedo a perder la relación, terminarás diciendo que sí. Te quedarás frustrado, con la sensación de que otra vez más no has hecho prevalecer lo que era importante para ti, tu tiempo, e irás a lo que sea que has terminado aceptando de mal humor. No te compensa. Y al final este tipo de situaciones desgastan las relaciones personales, tanto profesionales como de amistad.

4. **No pierdas la calma ni te muestres dolido, avergonzado o apenado por no poder responder a una petición.** Muestra seguridad y convencimiento. Enfadarte es tontería, porque la persona tiene derecho a pedir. No puedes enfadarte porque interpretes que si alguien te pide de más no está siendo considerado contigo. Como decíamos en este mismo capítulo, las personas están muy metidas en su vida y poco en la tuya. Desconocen si estás cansado, si te cuesta lo que te piden o si no te apetece. La gente puede llegar a ser muy insistente con tal de lograr lo que desea. Lo único que saben es que de normal eres servicial, entregado y generoso. Incluso pueden pensar que te gusta ser así y que lo que te piden lo haces con ganas.

5. **Si la persona se pone muy pesada, dile que tienes que colgar el teléfono o que tienes que irte.** Y vete.

6. **Y si luego te sientes mal contigo mismo, piensa que esto es cuestión de aprendizaje**; que al principio, cuando introduces un cambio, te afecta, pero que poco a poco irás acostumbrándote a priorizarte y disponer de tu tiempo. Puedes decirte algo como: «Tranquilo, es normal, te sientes mal porque estás cambiando un valor que hasta ahora era importante en tu vida, pero tienes derecho a practicar deporte, a leer un libro y a no estar siempre para todo el mundo».

7. **No pidas perdón por hacer valer tus derechos.** «Lo siento muchísimo, ya me da pena; es que esta vez...». Te posiciona de manera sumisa.

8. **No digas mentiras, no te excuses.** No digas «Esta tarde me es imposible porque acompaño a mi hermana a...» cuando lo que deseas es no ayudar a una persona a que termine el trabajo que tendría que hacer ella. Si le pones esta excusa, puede contestarte: «Genial, pues mañana me paso y me ayudas». Di la verdad. «Siento no poder ayudarte esta vez; esta no es mi responsabilidad».

9. **No desesperes si de primeras no te sale con naturalidad y seguridad.** Decir no es una habilidad que tenemos que entrenar. Si has estado justificándote durante años, no pretendas ahora que a la primera te salga rodado. Ensaya en el espejo, ensaya con un amigo o con alguien que comprenda esta situación.

10. **Tienes derecho a tu intimidad y a defenderla.** Busca tu espacio y aprende también a estar a solas; eso te permitirá aprender a ser independiente. No eres mejor persona por estar siempre para todo el mundo. Si no pones límites, siempre pensarás que los demás son más importantes y te arrepentirás de no haber hecho lo que deseabas. Esto está relacionado con la depresión.

Para tu salud mental es agotador estar interpretando qué sentirán los demás cuando les digas que no. Este agotamiento puede llevarte a declinar la propuesta con falta de asertividad. Nos cuesta tanto decir no pensando que vamos a fallar a los demás que, cuando lo decimos, no encontramos el tono emocional adecuado. O nos pasamos de dar explicaciones o nos pasamos de cortantes, hartos de darle vueltas a la cabeza.

Un nuevo estudio de la Universidad de Virginia Occidental e investigadores del Instituto de Tecnología de Nueva York afirma que rechazar invitaciones no es tan tremendo como nos creemos. De hecho, las consecuencias emocionales para ambas partes pueden ser mucho menores que las de aceptar una invitación que no te apetece. Para que te quedes tranquilo, la investigación dice que tu percepción subjetiva de cómo puede afectarle negativamente tu declinación a la persona que te invita es mucho mayor de lo que le afecta en realidad. Vamos, que sufre y le afecta menos de lo que tú anticipas. Y tu malestar no está en no ir; eso es lo que realmente te apetece. Tu malestar es fruto de la empatía que te surge pensando que fallarás a quien está siendo amable y servicial contigo invitándote a algo. Tranquilo, la mayoría de tus amigos no se sentirán ni enfadados ni frustrados, ni dejarán de invitarte ni de pedirte otras cosas. La importancia que ellos le dan es menor de la que le das tú.

Al igual que puedes entrenar las pautas para decir no o declinar una propuesta, también puedes entrenar el estado emocional adecuado para ser más asertivo:

- **Visualízate diciendo no a la persona.** Imagina toda la escena, sintiéndote tranquilo, sonriendo, manteniendo el contacto visual.
- **Declina o di no con la misma delicadeza, compasión y educación que utilizarías para hablar con una persona mayor.** Solemos ser condescendientes, cariñosos y tiernos con las personas mayores. Nos inspiran esa capacidad para sacar de nosotros palabras y emociones bonitas. Pues lo mismo con quien te invite.

Sé compasivo contigo. Decir no es un acto de libertad, de derecho y de correcta gestión del tiempo. No te machaques, no te juzgues, no anticipes que tendrá consecuencias. Simplemente acepta que tienes ese derecho y que puedes ejercerlo cuando quieras… sin que eso diga nada negativo de ti.

Estar para los demás es importante, pero también lo es estar para ti. Si siempre te dejas a ti mismo para cuando te sobre tiempo, no podrás ocuparte de tus asuntos ni de tu autocuidado. Decir no es un sí a tu tiempo. Y no supone dejar de querer a nadie, igual que cuando alguien te dice que no a ti tampoco te rechaza como persona; solo rechaza tu petición. Cada no que das, cada límite que pones, es un hueco en tu agenda. Aunque sea para descansar. El descanso también hay que incluirlo dentro de nuestras actividades.

Si quieres ponértelo fácil y tener más tiempo para ti, recuerda este resumen sobre decir no y poner límites:

1. **Que te cueste decir no es normal.** Aun así, debes hacerlo.

2. **Tus necesidades son importantes.** Ser servicial y generoso no puede ser siempre la prioridad.

3. **Si tú no haces hueco a tus necesidades, no podrás atenderlas nunca.**

4. **Valora y medita la petición de otros antes de comprometerte con algo** que te hará estar más agobiado y sin tiempo para ti.

5. **Si decides decir no, sé honesto y claro, y habla desde el respeto, el amor y la firmeza.**

6. **Recuerda manejar tu estado emocional para declinar con asertividad.**

NO TIENES TIEMPO
PORQUE NO PRESTAS ATENCIÓN

**El día es excesivamente largo para quien
no lo sabe apreciar y emplear.**

GOETHE

La atención funciona como una linterna en la oscuridad. Imagina que estás viendo una función de teatro en una sala y necesitas de forma imperiosa ir al lavabo. Sacas el móvil del bolso y enciendes la linterna. Deseas encontrar la salida haciendo el menor ruido posible y molestando lo mínimo. Con tu linterna podrás enfocar primero dónde está tu bolso para llevártelo contigo. Después, el suelo, para no tropezarte con las piernas de los demás espectadores. Luego dirigirás el foco al pasillo para recorrerlo hasta la puerta. Y, por último, enfocarás la puerta a ver si se abre hacia dentro o hacia fuera. Irás enfocando uno a uno los pasos que des. Con una sola linterna no puedes abarcar el bolso, las piernas de los espectadores, el pasillo y la puerta a la vez; vas de uno en uno. Tu mente funciona de la misma manera. No puede atender y enfocar varias cosas a la vez. Le gusta atender y enfocar una actividad por momento. Y después de una, la otra. En todas mis charlas suelo hablar del foco de atención. Sí, de esas dos palabras: «foco» y «atención».

Te invito a preguntarte cuántas oportunidades y detalles de la vida te pierdes a diario. La mayoría de las veces andamos distraídos. La vida ha puesto en nuestras manos la tecnología. Se supone que debería ayudarnos, y así sería si supiéramos utilizarla a nuestro favor. Pero lo cierto es que nos tiene secuestrados, distraídos, absortos en lo que no es importante. Porque lo importante está pasando aquí, ahora, en este momento. Y te lo pierdes porque estás leyendo un wasap que podrías leer dentro de tres horas.

Biológicamente, estamos más preparados para la monotarea que para la multitarea, pero desde hace muchos años, entre el ritmo de vida y la tecnología, estamos cargándonos esa capacidad. Nos creemos incapaces de desatender todo lo que navega por nuestra mente, aunque la realidad es que sí somos capaces cuando el motivo lo justifica. Imagina que tienes una cita con la persona que te gusta desde hace mucho tiempo. Sí, es hoy, por fin. Te ha invitado a cenar. Te pasas todo el día nerviosa perdida, pensando solo en qué ponerte, en los temas de conversación que tendrás, en interesarte por sus aficiones y su trabajo, en no llegar tarde. Y cuando consigues superar un día en el que no te has enfocado en nada más que en tu cita porque no has dejado de pensar en ella durante las veinticuatro horas, al entrar en el restaurante ya puede estar sentado Buda, Dios o el rey, que tú no los ves, porque tu mente solo busca a esa persona que tanto te gusta. Esto es un ejemplo de cómo nuestra atención puede estar en un solo tema, en una sola cosa, si la cosa, en este caso la persona, vale la pena. Tenemos que hacer que nuestros pequeños momentos diarios nos valgan la pena. Así ganaremos tiempo, serenidad y placer.

Cuando me preguntan en las redes o parándome por la calle cómo soy capaz de hacer tantas cosas en el día, yo lo achaco a mi capacidad de concentración. Tengo la habilidad de meterme de lleno en lo que hago y soy capaz de concentrarme muchísimo. Esto me permite ser ágil a la hora de pensar, escribir y resolver. Y cuando pienso por qué lo consigo, me doy cuenta de que suelo dormir bastante bien, hago ejercicio, soy muy monotarea y fluyo con mis actividades presentes. Me meto tanto en lo que hago que mi marido puede pasar delante de mí sin que lo vea. A veces lo tengo enfrente y de repente le digo: «¿Qué haces?». Y él me contesta: «Pues llevo un rato aquí hablándote». Tanta atención también tiene su lado negativo, y es el despiste, porque cuando estás a una cosa del todo te despistas de otras. Me dejo asiduamente las llaves puestas en la cerradura, porque una vez que entro, sobre todo si llevo bolsas, se me olvida que las he dejado allí. Y como estas, muchas otras cosas.

No prestamos atención a nuestros días, a nuestros momentos diarios, porque nos creemos inmortales. Siento empezar este capítulo de esta forma tan dramática, pero te invito a mirar atrás, sobre todo si ya has atravesado los cuarenta, como yo. ¿No te parece que has llegado hasta aquí a la velocidad de la luz? Tu tiempo, tus cuarenta años o más, han pasado volando. Yo miro atrás y no me lo creo. Y este último año, todavía más. Ahora mismo estamos a principios de diciembre. Estoy montando el árbol en mi casa, escribiendo postales de Navidad, y tengo la sensación de haber hecho esto mismo hace nada, ni tres meses, pero la realidad es que ha transcurrido un año entero. Y los que nos quedan pasarán más rápido si cabe. Soy de esas personas a las que les da vértigo pensar que un día no estarán aquí. Amo la vida, con sus piedras y sus flores, amo la vida. Amo tanto la vida que le temo a la muerte. Y cuando ahora miro atrás siento que he perdido mucho tiempo en actividades que no eran mi prioridad. He trabajado mucho y he tenido poco tiempo de ocio. Ahora me doy cuenta y estoy a tiempo de rectificar. Por eso suelo decir que estoy prejubilada, que para mí significa trabajar solo en lo que realmente esté alineado con mis valores y mi propósito. He tardado muchos años en poder elegirlo. Ahora me siento una privilegiada.

Y entre responsabilidades y grandes problemas que he vivido, muchas veces, hace ya muchísimos años, viví sin prestar atención. Todo era solucionar, tomar decisiones, trabajar y sacar a mi hija adelante. No tenía tiempo de parar y pensar. Porque parar me daba vértigo. Estaba presente, pero sobre todo en aquellos asuntos que necesitaban de mi responsabilidad, y me olvidé de mí y de vivir. Gracias a muchas enseñanzas, esto cambió hace tiempo.

Nos perdemos en el «modo hacer» y olvidamos el «modo sentir y estar». Solo estar. Quiero justificarme en que mi vida necesitaba en ese momento esa parte de mí, esa intensidad, ese solucionar. Pero ahora no. Desde hace bastantes años tengo el firme propósito de prestar atención, de ir más despacio, de relativizar, de dejar marchar lo que me hace daño y de vivir buscando y generando serenidad. Y en este proceso el foco es muy importante. ¿A qué prestas atención en tu vida y en tu día a día? ¿Estás aquí, estás presente? ¿O eres de las que vuelan continuamente al futuro fantaseando con un mundo mejor? Planificar parte del futuro es más que recomendable; de hecho, la planificación es una buena gestora del tiempo. Pero no puedes estar en el futuro o distraído la mayor parte del rato. Tu actividad actual te necesita a ti, aquí, con todas tus facultades.

Suelo pensar que cuando no estoy presente, cuando dejo de prestar atención plena, dejo de respetar lo que estoy haciendo. Para mí el respeto es un valor crucial, y no me gusta faltar a mis valores. Así pues, entiendo que estar presente es honrar lo que estoy haciendo, ya sea escribir un correo, charlar con una amiga o hablar con mi marido durante la cena. Si no estoy presente, falto al respeto a la persona, a la actividad y a ese momento de mi vida. Y, sobre todo, me pierdo cosas. Porque si no estás presente, no estás. Te pierdes los detalles, la luz, el olor, una sonrisa, el hilo de la conversación. Y, en el ámbito profesional, te lleva a cometer errores, a tener que releer aquello en lo que te has perdido; en definitiva, a perder el tiempo.

Numerosos estudios afirman que la tecnología y el estilo de vida generan graves consecuencias en los procesos de atención y concentración. Los datos que arrojan los estudios son espeluznantes. Si pierdes la atención cuando estás con una tarea, pierdes también el tiempo, porque la desconcentración te obliga a volver a empezar. Estos datos son alarmantes. Pero ¿estamos dispuestos a darles la vuelta? ¿Estamos dispuestos a renunciar a momentos de tecnología para conseguir que el cerebro esté presente? No todo el mundo desea hacerlo. O mejor dicho, muchas personas desean hacerlo, pero no desean pagar el precio que supone distanciarse de su móvil, de sus redes sociales, de estar pendientes del WhatsApp.

Uno de los estudios revela que los jóvenes cambian de tarea cada noventa segundos, y los adultos, cada tres minutos. No mantenemos la concentración más allá de este tiempo. Esto repercute directamente en la capacidad de comprensión lectora y en entender qué estamos haciendo. Estas dificultades en la atención generan cambios contantes de actividades, procrastinación y pérdida de tiempo, efectividad y productividad. No estamos a lo que estamos porque nuestro cerebro ha perdido la capacidad. Pasar pantallas en TikTok, quedarse con lo superficial de un texto o necesitar distraerse con cosas nuevas cada dos por tres ha modificado nuestra capacidad para atender, estudiar, profundizar, analizar, reproducir. Ahora nuestra mente es mucho más imprecisa y vaga. Necesitamos entrenarla, guiarla. De no hacerlo, estamos perdidos.

Si no somos capaces de mantener la atención de forma sostenida en una tarea, estamos perdiendo el tiempo. La mayoría de nuestras actividades a lo largo del día requieren más de tres minutos cada una. Interrumpirlas por falta de concentración nos despista, y perdemos tiempo cuando tratamos de volver a concentrarnos en ellas. Un estudio del profesor Michael Posner, de la Universidad de Oregón, afirma que si interrumpes o te interrumpen mientras estás concentrado en algo, a la hora de volver a la tarea puedes tardar hasta veintitrés minutos en recuperar el nivel de concentración que tenías antes de la interrupción. ¿Te imaginas la pérdida de tiempo y energía que supone esto? De haberte mantenido concentrado, habrías acabado antes, tendrías un nivel de frustración menor y te sentirías mejor contigo mismo por dos motivos: por la sensación de control sobre tu vida y por disponer de tiempo para hacer otras cosas.

El uso de la tecnología, aunque sea de forma pasiva, como recibir mensajes o notificaciones, empeora entre un 20 y un 30 por ciento nuestro funcionamiento cognitivo. Esto es lo que se demostró en un estudio en el que una parte de los participantes recibían mensajes en su teléfono a pesar de que no los consultaran y otros no recibían nada en el transcurso de una tarea. El funcionamiento cognitivo era mucho peor en los que sabían que estaban recibiendo mensajes. ¿Te imaginas la pérdida de tiempo y energía que supone desperdiciar diariamente este porcentaje de actividad cognitiva?

Podría entretenerte en este capítulo con muchas investigaciones más porque se estudia sin cesar el daño cognitivo que están generando las redes sociales y la tecnología mal utilizadas, pero creo que lo importante es concentrarnos en cómo darle una solución individual. Porque las empresas responsables de las redes sociales no tienen miramientos ni ética, y siguen creando miles de formas de engancharte al móvil. Es su manera de hacerse millonarias. Y no van a cambiarla.

Empieza por...

Enlentecer la vida. Hoy leemos, comemos, caminamos y hablamos más rápido que hace décadas. Esta prisa y rapidez activan nuestra respuesta de ansiedad e impiden también que dediquemos atención a algo en profundidad. Sin profundidad no hay capacidad de solucionar nada, porque nos quedamos en la superficie. La prisa y la rapidez afectan a nuestra atención. Los estudios de Guy Claxton, de la Universidad de Winchester, demostraron que las prácticas de observación y contemplación que se realizan con atención plena y de forma lenta, como el yoga, el taichi o la meditación, ayudan a serenar la mente y a recuperar la atención y la concentración. Si consumes información o si consumes la propia vida de forma rápida, saturas al cerebro, lo dañas. Es como si condujeras un coche todos los días a doscientos kilómetros por hora. Podrías, pero degradarías mucho su funcionamiento, porque estarías abusando de él y poniéndolo constantemente al límite. Lo mismo ocurre con tu mente cuando vas deprisa todo el día.

Trabajar la monotarea. La multitarea no existe. Solo saltas de una cosa a otra, dañas tu atención, te genera ansiedad y no eres resolutivo. Estate a una sola cosa. Ya lo siento; tu cerebro funciona con el pensamiento único. Que no te vendan la moto.

Varios experimentos demuestran que alternar tareas, es decir, intentar trabajar con el cerebro multitarea, empeora el aprendizaje y la memoria. A un grupo de personas que participaron en un experimento les pidieron que recordaran una serie de imágenes al mismo tiempo que trataban de compaginar esa tarea con otra, mientras que a otro grupo solo le pidieron que se fijara en las fotografías. Obviamente, el grupo monotarea recordó mucho mejor las imágenes. Si la multitarea afecta al recuerdo y al aprendizaje, está claro que nos hace perder el tiempo. La multitarea nos convierte en lentos, erráticos y menos creativos.

Cuando tratas de simultanear, interrumpes la atención. Y al volver a la tarea principal tienes que recordar dónde te habías quedado, qué significaba lo que estabas haciendo y cómo deseabas continuar. Esto supone un coste energético y de atención que enlentece lo que tenías entre manos. Se pierde mucho tiempo tratando de ser multitarea.

Para recuperar tu atención tienes que empezar a entrenarla. Si eres de los que alternan tareas de forma habitual, empieza por ponerte periodos de atención de diez o quince minutos. En esos minutos haz una sola cosa. Después distráete uno o dos minutos con otra actividad. Vuelve a concentrarte diez, quince minutos, y así sucesivamente. A medida que seas capaz de estar en modo monotarea ese tiempo, ve ampliando más minutos el periodo de atención.

Recrearte en los procesos. Las personas que consiguen alcanzar el estado de flujo, el *flow*, se abstraen de los resultados. Es más, cuando acaban su obra (pintar un cuadro, escribir, participar en una carrera, bailar en un concierto…) no prestan mucha atención a lo conseguido, no le dan mucho valor, porque el valor está en fluir durante el proceso. La atención la dedican al camino, a recrearse en el momento en el que pintan, corren, escriben o bailan. Se sumergen, con todos sus sentidos, y están a esa sola cosa. Pierden incluso la noción del tiempo a causa del nivel de concentración y secuestro cognitivo del que disfrutan. Están totalmente inmersas. Y ahí encuentran el placer, el estado de flujo.

El nivel de excelencia y productividad de las personas que alcanzan el estado de flujo es elevadísimo. Nada las distrae; están a lo que están. Y esto agiliza mucho el tiempo que necesita cada tarea. Porque toda su concentración está puesta en ese momento, sin perder ese 20 o 30 por ciento de actividad cognitiva que se pierde cuando se alternan tareas.

Buscar el sentido a lo que haces. Para enfocarte en una tarea, necesitas que esa tarea tenga sentido para ti. Ya sé que no todo puede tenerlo, porque a lo largo del día realizamos muchas actividades que no otorgan ningún significado a nuestra vida. Salvo que se lo busquemos. En mi caso, no es lo mismo hacer la compra porque la nevera está vacía que hacer una compra consciente que me permitirá cocinar con disfrute, repartir amor con mis guisos y ver disfrutar a mis hijos con lo que cocino. No es lo mismo coger un tren para ir a dar una conferencia que coger un tren en el que voy a leer algo que me plazca, en el que voy a disfrutar ese momento de lectura y tratar de sacar unos minutos para contestar mensajes de tantas personas bonitas que me siguen en redes. Si le buscamos un sentido a lo que hacemos, podremos enfocarnos en esa tarea, con menos distracciones, y realizarla con más agilidad y menos errores.

Dificultar un poco la tarea. Ponte tiempos que te presionen o pasa al siguiente nivel. Realizar cosas fáciles nos aburre y nos distrae. Dificultar un poquito lo que hacemos se convierte en un reto al que tenemos que prestar atención, y esto nos enfoca en la tarea. La dificultad puede venir definida por el tiempo (como hacer algo más rápido de lo habitual) o por la propia complicación de la tarea (como elaborar un postre más difícil que un simple bizcocho de yogur).

Date cuenta de que la tendencia en las redes te lleva a todo lo contrario: una receta fácil con tres ingredientes, cómo decorar tu casa en tres pasos, una dieta con la que adelgazas en una semana, ejercicios para estar en forma en quince minutos. Todo es rápido y fácil. Nos tratan como si fuéramos tontos, como si no tuviéramos tiempo, agobiándonos para consumir mucho en poco tiempo, y nos lo dan todo masticado. Esto está llevando a la ley del mínimo esfuerzo. La gente no ve vídeos que duren más de dieciocho segundos, no lee algo más largo que un párrafo y enseguida pierde la atención. Porque recibimos una tormenta de estímulos de todo tipo que nos sacan y meten saltando de un tema a otro, desde cómo maquillarnos en tres minutos hasta hacer abdominales sin que nos cueste esfuerzo.

Hacer de la paciencia y la reflexión un estilo de vida. Si tu vida no fuera una urgencia diaria, si dispusieras de tiempo, si no tuvieras que decidir de forma inmediata, ¿no dedicarías más tiempo sosegado y de calidad a tus cosas? Seguro que sí. Pues actúa como si fuera así.

Dormir y descansar lo suficiente. El exceso de trabajo, la época de exámenes o los nervios antes de una competición te quitan el sueño, de modo que te sientes cansado y tomas más café para incrementar tu nivel de alerta. Pero si no has dormido bien, difícilmente podrás estar atento. No ningunees tus horas de sueño pensando que estás aprovechándolas para seguir trabajando o estudiando. Con ello impides que la función reparadora del sueño tenga lugar, que tu mente descanse, y al día siguiente no podrás concentrarte.

La privación del sueño puede alterar nuestro cerebro y hacerlo mucho más lento: hasta diez veces más lento, según las investigaciones de Charles Czeisler. Czeisler es uno de los investigadores de más renombre en cuestiones del sueño; es profesor de Medicina en la Universidad de Harvard, y dirige una unidad del sueño en un hospital de Boston. Czeisler afirma que los problemas de sueño que sufre la población actual son alarmantes, y que los niños pierden horas de sueño. Esta falta de sueño les genera hiperactividad, mientras que a los adultos nos adormece.

Muchas personas piensan que dormir es una pérdida de tiempo, pero la verdadera pérdida de tiempo es vivir cansado. Estar cansado reduce los tiempos de reacción y nos vuelve más torpes y lentos. La corteza prefrontal no es capaz de pensar con claridad cuando tienes falta de sueño. Y no pensar con claridad vuelve a enlentecer todo lo que haces durante el día, sobre todo el trabajo.

Tomarte periodos de tiempo para no hacer nada. No hacer nada activa la red neuronal por defecto. Esta red se vuelve activa cuando divagamos. Divagar tiene muchas ventajas: nos ayuda a dar sentido a lo que leemos, vemos y sentimos, mejora la creatividad y correlaciona la información que tenemos en el cerebro. Estas correlaciones nos vuelven más resolutivos, ayudándonos a encontrar soluciones a problemas. Los momentos eureka ocurren cuando no hacemos nada.

Manejar tus emociones. Los estudios dicen que bajo el estado de ira no solemos atender con atención a la persona que nos habla. Cuando estamos enfadados no nos apetece escuchar; lo que nos apetece es imponer nuestros argumentos. Así pues, dejamos de escuchar los argumentos y la exposición de los demás porque solo nos interesa ganar la batalla.

La ira, el enfado o la frustración pueden debilitar tu atención. Y con ello, también debilitan la relación con la persona. Si deseas escuchar con interés y profundidad lo que se hable en una reunión o en una conversación, trata de regular tus emociones. No te tomes el momento como algo personal. Nadie te está atacando; solo exponen puntos de vista que no coinciden con el tuyo. Trata de escuchar con curiosidad para conocer por qué la persona piensa así, siente así, actúa así. Si en algún momento sientes que tu ira se va a disparar, es preferible abortar la conversación o la reunión y decidir en qué momento se reanuda. Si alterarte y estar irascible no arreglará nada, ¿por qué no cambiar la emoción?

Existe también una relación entre atención y ansiedad. Para poder estar presente necesitas sentirte tranquilo, seguro. Bajo los efectos del estrés entramos en estado de hipervigilancia: que nada falle, que nada salga mal, que no «me ataquen». Tu mente no puede relajarse y disfrutar del momento, sino que está buscando el peligro para poder ponerse a salvo. Trata de entrenarte en técnicas de meditación, relajación muscular y visualización para poder manejar tus emociones.

Y en el plano colectivo también perdemos atención a medida que crecen la rabia y el desasosiego. Se visualizan más las noticias negativas, los desastres, las guerras, los asesinatos, los ataques, los errores. Diariamente tenemos la sensación de vivir en un mundo violento y hostil. Y esto afecta a nuestro estado de ánimo. La gente no lee a fondo, no contrasta las noticias; se queda en la superficie, en el titular. Y sin conocer la verdad, juzga, etiqueta y censura. Esto deteriora profundamente la atención colectiva y nos lleva a atacarnos en lugar de funcionar como equipo, como tribu, como sociedad.

Conocerte. Ten localizados tus momentos de máxima concentración para realizar las tareas que necesiten más foco. Para mí es la mañana. En este periodo me dedico a escribir, memorizar, etc. Para los momentos en los que me cuesta más porque cognitivamente suelo estar más cansada, como por la tarde, me dejo tareas más lúdicas: grabar vídeos, ordenar la agenda, contestar correos, hacer directos, etc.

Meditar. Olvida la parte espiritual, el incienso y el «ommm». Meditar supone centrar la atención en un solo aspecto, como puede ser la respiración. La práctica continuada te dará serenidad mental, además de muchísimos otros beneficios. Existen muchas técnicas de meditación, desde las guiadas hasta las que puedes programar tú. Entre otros beneficios, obtienes mayor concentración, más conexión con el presente, menos distracciones, mayor disfrute, paz mental, serenidad, mejor calidad del sueño o disminución de la irritabilidad. Practicar la meditación de forma regular te vuelve más consciente de todo aquello que pasa a tu alrededor. Los estudios aseguran que incluso mejora la empatía.

Gracias a Jon Kabat-Zinn, el prestigioso profesor de Medicina de la Universidad de Massachusetts, hoy en día la meditación tiene un carácter científico. Sus estudios han demostrado, tal y como explica la psicóloga e instructora en MBSR (reducción del estrés basada en la atención plena) Beatriz Muñoz en su libro *Mindfulness funciona*, que la práctica de la meditación mindfulness «reduce la ansiedad y el estrés, la depresión y el dolor crónico; mejora o reduce el deterioro de las funciones cognitivas, como la memoria o la atención; es útil para tratar adicciones, impulsos, problemas con la alimentación; regula la presión arterial, y mejora la respuesta del sistema inmunitario».

Tienes muchas aplicaciones gratuitas en el móvil para aprender a meditar o meditar de forma regular.

Practicar ejercicios mentales que potencien la concentración, desde el cálculo matemático hasta buscar palabras y letras en una sopa de letras, hacer sudokus, pintar mandalas, mirar fijamente un objeto y centrarte en él durante un rato, jugar a encontrar figuras en las nubes, repasar tu día cuando te metas en la cama, etc.

Ser disciplinado con tus distractores. Quita el móvil, cierra el correo, estudia en un lugar lejos de la despensa. No te excuses en que el móvil está en silencio o que no escuchas la tele cuando estudias. No tengas juegos ni prensa abierta en el ordenador, o dile a tu familia, que ha venido a ver tu entrenamiento, que se mantenga fuera de tu campo de visión. Aleja de ti lo que tenga el potencial de sacarte de tu momento de concentración. Recuerda, en estos casos el teléfono móvil es tu enemigo.

Escribir a mano. Escribir nos centra. Escribir es reconfortante. Ayuda a poner en orden las ideas y a liberar sentimientos. Es un ejercicio que nos sirve para conectar con nosotros mismos.

Escribir ayuda a tomar perspectiva. A veces estamos tan metidos en nuestro problema que lo sobredimensionamos. ¿No te has dado cuenta de que los problemas de otras personas, al verlos con más objetividad y menos emotividad, nos parecen menos dramáticos? Incluso se nos ocurren consejos más creativos y brillantes cuando se trata de darles soluciones a ellas. Al poner nuestros asuntos por escrito les quitamos valor emocional y les otorgamos objetividad. Lo escrito parece menos dramático.

Escribir facilita la atención plena, y con ello, la comprensión y el aprendizaje. El uso del teclado y la tecnología favorecen todo lo contrario, la multitarea. Todo lo que escribimos a mano se procesa, entiende y retiene mejor que cuando tecleamos. Prueba a dedicarle unos minutos al día a la escritura, ya sea en forma de diario o libre escritura. Verás qué bien te sienta y cómo te relaja.

Practicar ejercicio físico de forma regular. La práctica de actividad mejora las funciones cognitivas, y una de ellas es la concentración. Basta con que camines rapidito, montes en bici, trotes o bailes un poco. Y si hay lugar, prioriza el ejercicio de fuerza. Hoy sabemos que la fuerza genera neurogénesis, la creación de nuevas neuronas a partir de una célula madre, y que esta función ayuda a mantener tu cerebro joven, y tus funciones cognitivas en perfecto estado de revista.

No hay un mejor relajante ni antidepresivo que entrenar: neurotransmisores, neurogénesis, dopamina, relaciones sociales, autoestima, prevención de la salud física y mental, bienestar general… El ejercicio mejora el riego sanguíneo en el cerebro (incluso aparecen venillas nuevas en muchas áreas del cerebro) y mejora funciones cognitivas como la capacidad de atención, las funciones ejecutivas, el autocontrol de los impulsos y la planificación de la conducta. Y al provocar más sustancia blanca y aumentar el volumen de algunas regiones cerebrales, como la corteza prefrontal, puede invertir el deterioro cognitivo en adultos. Vamos, el ejercicio es una auténtica joyita.

Si quieres ponértelo fácil y tener más tiempo para ti, recuerda este resumen para poder estar más presente y a una sola cosa:

1. Enlentece la vida.

2. Trabaja la monotarea.

3. Recréate en los procesos.

4. Recuerda el sentido de lo que haces.

5. Dificulta un poco la tarea.

6. Haz de la paciencia y la reflexión un estilo de vida.

7. Duerme y descansa lo suficiente.

8. Tómate periodos de tiempo para no hacer nada.

9. Maneja tus emociones.

10. Es importante que conozcas tus momentos de máxima concentración.

11. Medita.

12. Practica ejercicios mentales que potencien la concentración y la atención.

13. Sé disciplinado con tus distractores.

14. Escribe a mano.

15. Practica ejercicio físico de forma regular.

10

DEJA DE POSTERGAR: EL DESPUÉS NUNCA LLEGA

No te pongas a contemplar toda la escalera, simplemente da el primer paso.

Martin Luther King

Todo lo que dejas para después, ¿cuándo tienes pensado hacerlo? El adverbio «después» lo carga el diablo. Porque la posteridad, el más tarde, no llega nunca. Bueno, llegar, llega, pero nos cuesta abrirle la puerta y sentarnos a tomar café con ella. «Después» es el pesado que dejamos en visto con dos señales azules en WhatAspp, es la llamada que evitamos, es el correo que dejamos en la bandeja esperando que se conteste solo, es el cambio de domiciliación, es la llamada al seguro para reclamar algo, es el informe en el que nos hemos bloqueado, es el regalo que da pereza hacer porque no sabemos qué regalar, es la suscripción de la que no nos damos de baja, es el menú semanal que no escribimos o la falta de organización de nuestra agenda. Hay tantos «después» como vidas.

Tu vida está llena de «despueses». Los adverbios no tienen plural porque son invariables. Exacto, la tarea que tienes pendiente es invariable, sujeta a un después que nunca llega. Varía el tiempo:

mañana, pasado mañana, un mes. Pero son tantos los despueses que tenemos que podemos convertirlos en plurales.

Cada después es una pérdida de tiempo. Cada después es una frustración, un sentimiento de culpa y remordimiento. Poco a poco, cada después se convierte en hastío y se eleva a otro nivel, los pendientes. Sí, todo lo que es para después lo tienes pendiente, pero, además, como define la palabra, cuesta arriba.

Cuando termines de leer este capítulo me gustaría que cogieras el hábito de agendar tus despueses. Solo así podrás convertirlos en pasado. Un después sin un pasado es una eternidad en tu vida, una eternidad que te quita la serenidad y que impide que estés a gusto con tus «ahora», porque estando en el ahora no haces más que fustigarte con los despueses que tienes pendientes.

Un estudio publicado en el *New York Times* afirma que postergar o procrastinar tiene poco que ver con la pereza o el autocontrol. Entonces ¿de qué se trata? Después de tantísimos años postergando, ¿resulta que llevamos enfocando mal el después? ¿Será por eso por lo que no somos capaces de hacerle frente? «Procrastinar» viene del verbo en latín *procrastinare*, que significa «posponer para mañana». Pero también deriva del griego *akrasia*, que significa «hacer algo en contra de nuestro juicio, de lo que seamos». Y eso lo sabes bien: ¡tú no deseas hacer lo que no te apetece hacer!

Postergar algo nos hace sentir mal, y a sabiendas de que está mal seguimos con ello, aun teniendo claro que tarde o temprano tendremos que meterle mano. Y nos lleva a perder mucho tiempo, energía y buen humor. Postergamos porque nos produce un alivio inmediato, muy a corto plazo, como las personas que realizan rituales para tranquilizarse con sus obsesiones cuando padecen un TOC. Seguro que lo habrás visto alguna vez: tocar madera para quitarse la mala suerte, tirar sal por encima de no sé qué hombro para evitar la mala suerte de haber tirado sal en la mesa, ponerse la camisa de la suerte para un examen o evitar un número de la mala suerte, etc. Buscamos el placer inmediato y aliviarnos de esas emociones que nos incomodan, como tener que hacer algo que no sabemos cómo hacer, que es complicado o que nos aburre. De hecho, el placer inmediato fue biológicamente diseñado desde los orígenes de nuestra existencia y nos ha permitido sobrevivir. Estamos configurados para buscar placer en esas actividades que nos permiten sobrevivir: tener sexo, comer, descansar. Antaño suponía reproducirnos y comer y sobrevivir. Si a esto le sumas que nuestro cerebro también está configurado para eliminar las amenazas en el presente, apaga y vámonos. Hace siglos, las amenazas ponían en riesgo nuestra vida: una fiera, la falta de alimento, el frío. Hoy en día, las amenazas existentes, la inmensa mayoría de ellas, solo incomodan nuestra vida, pero no suelen poner en riesgo nuestra existencia. Y, aun así, las evitamos. Dejar de lado algo que no apetece nada es una manera de hacer frente a una amenaza. Es una manera equivocada, porque no aporta soluciones e incrementa nuestro malestar, pero, a corto plazo, nos alivia.

Las últimas investigaciones exponen que procrastinamos porque nos cuesta gestionar los estados de ánimo negativos en torno a esa actividad, como afirma la doctora Fuschia Sirois, de la Universidad de Sheffield. Emociones como la ansiedad, el aburrimiento, la inseguridad, la duda o el resentimiento nos llevan a postergar. Hasta ahora se afirmaba que se trataba más bien de un problema de gestión del tiempo, pero parece que está más relacionado con la gestión de las emociones. Aunque indudablemente nos hace perder muchísimo tiempo.

¿De dónde surge la emoción incómoda con aquello que pro-crastinamos?

- Puede estar **relacionada con la propia tarea** si es difícil, aburrida o tediosa, como ordenar, recoger, limpiar la bandeja de correos electrónicos, hacer una llamada para dar de baja un móvil y saber que te tendrán mucho tiempo al teléfono...
- También puede venir de la **sensación de ser incapaz de afrontarlo**. Puede que dudes de ti: «No seré capaz, no estoy a la altura, soy muy lento y siempre me entretengo y pierdo mucho el tiempo...».
- **Del propio miedo al miedo.** La ansiedad y el miedo generan tanto malestar que solo la idea de que puedas sufrir esta sensación te lleva a querer evitarla. Intentar hacer algo que detestas te pone en contacto con estas emociones, y saber que puedes abandonar la tarea incrementa tu nivel de malestar.
- De las **cogniciones procrastinadoras**, que son esos pensamientos fruto del mal trato que te das cuando postergas. «Eres un vago, poco disciplinado, siempre dejas todo para el final, nunca te vas a organizar, así dejas todo siempre para última hora».

Parece que la solución a procrastinar no está tanto en entrenar la fuerza de voluntad ni en dejar de ser perezoso como en aprender a gestionar esas emociones previas a la tarea. Se trata de dar menos valor a las soluciones relacionadas con la productividad y la gestión del tiempo, y dar más valor a la gestión de las emociones. En esta línea, te animo a seguir estos consejos:

1. ¿Qué hay que sea más atractivo que la propia idea de procrastinar? Siguiendo las recomendaciones del doctor Brewer, del

Centro de Mindfulness de la Universidad Brown, tenemos que encontrar algo más atractivo para el cerebro que el atractivo que tiene de por sí postergar. Postergar te relaja, te aleja de la dificultad o del aburrimiento. ¿Y si decoras el entorno en el que tienes que trabajar de tal forma que te sientas más a gusto? ¿Y si pones música o te haces un té de canela? ¿Podrías trabajar fuera de la oficina, en una cafetería que te inspire? Solo tienes que encontrar un ambiente o un ritual que te suscite emociones más cómodas que puedan neutralizar la incomodidad de hacer lo que no te apetece.

2. **Perdónate por posponer.** Nos da miedo perdonarnos. Lo asociamos a la dejadez, como si perdonarnos nos llevara a perder de vista el error cometido y a seguir repitiéndolo en el futuro. Pero los estudios sobre la gestión del fracaso afirman que el perdón permite liberarnos de la culpa y, así, tener un estado emocional más positivo en el que sí seremos capaces de plantearnos comprometernos con la actividad que posponemos. Si la idea es que el estado emocional de frustración, ira o culpa te lleva a seguir postergando, ¿por qué machacarte y sentirte mal? Solo hará que continúes postergando. Perdonarte te ayudará a no incrementar tu nivel de malestar, y así te costará menos volver a ponerte con la tarea.

3. **Sé autocompasivo.** Ser autocompasivo es tratarte con amabilidad y comprensión frente a tus errores y fracasos. Varios estudios demuestran que la autocompasión nos ayuda a seguir motivados. Cuando nuestros seres queridos se equivocan, tratamos de animarlos con palabras amorosas, de ánimo y respeto, buscando que se sientan bien para que mejore su motivación y las ganas de intentarlo de nuevo. Pero cuando

fallamos nosotros solemos ser tremendamente duros con no-sotros mismos. Nos criticamos, juzgamos y comparamos, y lo hacemos sin piedad, sin respeto, sin amabilidad. Y entonces nos sentimos menospreciados y pequeños, y nuestra autoes-tima se ve lastimada. Nada de esto ayuda, porque nos senti-mos mal. Y recuerda, la idea es que te sientas positivo, fuerte y capaz para poder asumir una tarea que no te apetece o que te parece complicada.

4. **Piensa en las consecuencias positivas de enfrentarte a la tarea.** ¿Qué ganas?, ¿qué ventajas sacas?, ¿cómo mejora tu vida, cómo te mejora a ti?, ¿en qué se pueden beneficiar los de-más? Salir a correr es algo que me daba pereza casi todos los días, a pesar de que al final salía. Tenía que pensar en lo ma-ravillosa que es la ducha de después, en que sentiría mi cuer-po muscularmente cansado y que esa sensación me encanta, en que liberaría muchísimas endorfinas que me pondrían muy muy feliz, y que mis carpetas mentales desordenadas vendrían ordenadas después de correr. Y entonces me costaba menos salir. Si no hubiera pensado en todo esto hace años, si me hu-biera dejado llevar por el estado emocional de la pereza y la desgana, no habría corrido nunca. Ahora se ha convertido en un imprescindible en mi vida. He pasado a disfrutar la propia actividad de correr, y la mayoría de los días salgo con ganas, aunque alguno me sigue dando pereza.

5. **Aprende a entender qué sientes cuando postergas.** ¿De qué emoción se trata?, ¿qué nombre le pondrías? Aburrimiento, miedo, frustración, desgana... ¿Cómo se comporta en el cuer-po? ¿Te altera, te quita la energía? ¿Va a más? ¿Cómo cambia dentro de ti? Conocer y aceptar la emoción nos lleva a ser

más compasivos, empáticos y comprensivos con nosotros mismos. Entender nuestras emociones es un paso importante de cara a gestionarlas con eficacia. Antes de sentarte a trabajar o realizar lo que no te apetece, da espacio a tus emociones. Hazte amigo de ellas. Déjalas estar y, sobre todo, no te sientas culpable por sentir lo que sientes. Incluso puedes realizar un ejercicio gracioso. Dibuja tu emoción protagonista (podría ser el aburrimiento) y ponle una cara graciosa. Recórtala y siéntala contigo —literalmente— para que te acompañe en el proceso. Incluso puedes ir hablando con ella: «¿Lo ves, aburridita de la vida? —Puedes llamarla así—. Ya estamos avanzando; tampoco era para tanto. Y me estás inspirando un montón; qué buena idea me acabas de sugerir». A mí, esta parte simbólica de la psicología me encanta; solo se trata de ponerle humor. Y el humor siempre nos relaja y nos cambia el estado de ánimo para bien.

6. **Practica el autoengaño.** Si yo fuera a hacer lo que parece que no voy a hacer, ¿qué haría a continuación? Trata de contemplar lo que postergas, más que como una obligación, como una posibilidad. Y luego comienza. Ya verás como la motivación va detrás, como dijo el doctor Pychyl. Pensamos que la motivación tiene que ir siempre de liebre, por delante, tirando de nosotros. Pero esta es una creencia limitante. Está muy bien cuando ocurre así, pero si no también podemos hacerle nosotros de liebre. La mayoría de las veces, a la hora de trabajar en lo que no deseamos hacer, nuestro planteamiento es el inverso. Esperamos que las musas nos visiten, que nos alcance la motivación, sin darnos cuenta de que el orden de los factores SÍ altera el producto, pero ¿te has planteado alguna vez qué pasaría si fueras

tú la motivación en lugar de dejar que la motivación siempre te hiciera de liebre? ¿Y si la liebre fueras tú?

7. **Haz tu mínimo.** Cuando algo nos genera malestar, tendemos a contemplar el «todo» de lo que hay que hacer. Ese **todo** nos parece inalcanzable, largo, pesado, lento... Pero si piensas qué es lo mínimo que tendrías que hacer hoy en lugar de pensar en acabarlo, seguro que dejará de parecerte tan tremendo. Cuando empiezas con **tu mínimo**, terminas por seguir con un **segundo mínimo**, y a veces, sin darte cuenta, haces mucho más de lo que hubieras imaginado al inicio. Haz tu mínimo. Así también mejorarás la relación contigo, dejarás de criticarte por no hacer nada y tendrás la sensación de haber avanzado. Tienes un capítulo sobre este tema en mi libro *Cuenta contigo*.

8. **Pónselo difícil a tus obstáculos.** ¿Con qué te distraes? ¿A qué te dedicas cuando postergas? ¿A una afición, a las redes sociales, a ver un capítulo de tu serie, a editar fotos, a un juego del móvil? Elimina las redes sociales y los juegos de tus aplicaciones. Deja el teléfono lo más lejos que puedas. Póntelo difícil. Pídele a tu pareja que te cambie el número de la contraseña mientras estés estudiando tu oposición; lo que sea con tal de que no tengas acceso a lo que te distrae y además te da placer.

9. **Póntelo fácil a ti.** Mete la ropa de deporte en el coche, o incluso duerme con algo del gimnasio puesto. Yo suelo ponerme el bañador para ir a nadar nada más levantarme de la cama los domingos, de tal manera que me veo obligada a ir, porque me parece un auténtico rollo cambiarme para quitármelo. Pongo también música que me motiva en el coche y me dejo medio preparado todo lo que necesito para un suculento desayuno cuando vuelva de nadar.

10. Habla bien de ti. Nadie querría ponerse a hacer algo desde una etiqueta negativa. Esta concepción de nosotros mismos nos minusvalora y nos impide estar motivados. Habla bien de ti: «Venga, puedes hacerlo», «Todo es ponerse», «Cuanto antes, mejor; si ya lo has hecho mil veces».

Postergar las cosas no hará que desaparezcan. Al revés, solo las empeora. Es un poco irracional dejar de lado algo que tarde o temprano tendrás que resolver. Así que, si la clave está en el estado emocional, ahora tienes herramientas para manejarlo.

A pesar de estas nuevas investigaciones, en otras ocasiones postergar o procrastinar también puede tener que ver con la actitud; con la falta de orden, disciplina, perseverancia o fuerza de voluntad. Decíamos que «procrastinar» venía de *akrasia*, que significa «hacer algo en contra de nuestro juicio, de lo que seamos». Pero siendo algo que tienes que hacer sí o sí, por lo menos en la mayoría de las ocasiones, ¿para qué retrasarlo? Así pues, además de manejar tus emociones, necesitas aprender a disciplinarte, posponer el corto plazo e invertir un esfuerzo.

Siempre nos han dicho que la motivación es la fuerza interior que tira de nosotros y nos lleva a comprometernos con nuestros proyectos, nuestros cambios de hábitos, etc., así que solemos esperar a que llegue como quien espera a los Reyes Magos. La motivación nos hace de liebre. Corre delante de nosotros y vamos detrás como posesos, y entonces nos comprometemos con lo pactado.

Como te animaba en uno de los puntos anteriores, hacer de liebres a la motivación nos ayudaría a comprometernos mucho más con aquello que deseamos, porque no haría falta esperarla: seríamos nosotros el pistoletazo de salida. Reduciríamos muchísimo la conducta de postergar. Así pues, igual podrías probar a ponerte con lo que parece que no quieres ponerte. Y observar si, una vez puesto en la tarea, aparecen la motivación o emociones útiles y reconfortantes. Seguro que sí.

Las obligaciones que rechazamos nos generan un punto de rebeldía, pero si las tomamos como algo que podemos elegir y con lo que podemos empezar poco a poco, reduciremos el malestar de inicio.

A continuación te dejo algunos consejos para entrenar tu perseverancia y actitud frente a lo que sueles postergar:

1. **El objetivo tiene que estar definido de forma cuantificable y depender de ti**, no de forma abstracta. Un objetivo abstracto es adelgazar o comer de forma saludable. Un objetivo cuantificable y basado en lo que depende de ti sería «eliminar de mi dieta la bollería y los alimentos procesados», «comer carne o pescado a la plancha X veces a la semana», «reducir el azúcar a la cucharadita que le pongo al café», «realizar treinta minutos de ejercicio en días alternos». Estos objetivos indican qué y cuánto tienes que hacer.

2. **Divide el objetivo en pequeñas metas.** Cuando corres una maratón no corres cuarenta y dos kilómetros; vas corriendo tramos de cinco o de diez kilómetros, y cada vez que completas una meta te ves más cerca del objetivo y más lejos de la salida. Saber que vas finalizando etapas y cerrando carpetas mantendrá tu motivación. Esto es una carrera de fondo.

3. **¿Cuál es el primer paso que debes dar?** Un agobio de las personas que postergan es no saber por dónde empezar. Saben lo

que quieren, pero les abruma el inicio. Empezar puede suponer conocer gente nueva, si se trata de comprometerte con una actividad nueva en tu vida. Empezar también supone elegir. Tienes que elegir un camino, unos valores en los que se asiente tu proyecto, unas bases, un criterio... Elegir cuesta. Elegir es renunciar a lo que no eliges. Y esto también nos da miedo.

4. **Prevé los obstáculos: ¿qué puede fallar?** Si anticipas la dificultad también puedes prepararte para tener soluciones. Utiliza la técnica del condicional: «Si esto ocurre..., entonces yo...». «Si por la mañana me encuentro cincuenta correos en la bandeja, entonces yo contestaré veinte, me haré un café y luego seguiré con el resto».

5. **Sigue apasionado visualizando lo que conseguirás.** La manera de mantener la pasión con objetivos a largo plazo es visualizar cómo vas a mejorar tu vida, tu aspecto, tus ingresos o la salud en un futuro. Cuando visualizas, tu cerebro reacciona como si lo imaginado fuera real. Si piensas en cómo te sentirás al acabar con lo que estás postergando, te sentirás bien y motivado, como si te hubieras quitado un problemón de encima.

6. **Cultiva la paciencia.** No respondas al impulso inmediato. Tranquilo, es pasajero. Si esperas cinco minutos, seguro que pierde fuerza. No te obsesiones con la dificultad, con el aburrimiento. Acepta que estos estados emocionales forman parte del proceso.

7. **Recuerda lo mal que te sientes cuando abandonas.** Los sentimientos de remordimiento y culpa existen por algo. Nos ayudan a tomar decisiones sobre lo que no nos gusta de nosotros. Antes de caer en la tentación de abandonar otra vez esa actividad que te incomoda, piensa cómo te sentirás después y las consecuencias.

8. **Trata de tener una rutina.** Es la manera de que un paso te lleve a otro. Cuando tienes una rutina puedes anticipar lo siguiente sin necesidad de tomar decisiones. Y eso facilita hacer lo correcto. En mis rutinas trato siempre de quitarme el trabajo que menos me apetece. El deber antes que el placer, siempre. O me dejo para la tarde o el final del día aquellas actividades que requieren de mí menos concentración, porque por la mañana estoy mucho más concentrada.

9. **Rechaza la trampa del lunes.** Ni después, ni mañana, ni el lunes son momentos perfectos para empezar. El momento es ahora. Retrasar, postergar o esperar el momento perfecto va en contra de la perseverancia.

10. **No te distraigas con trabajo.** Como es trabajo, nos permitimos la licencia de realizar otras actividades que nos ocupan pero que son excusas para seguir postergando: llamadas, mirar el correo, revisar la agenda, ocuparnos de otras tareas más entretenidas. Ponte con lo que toca, sin más dilación. Ya tendrás pausas para este tipo de tareas más repetitivas y que necesitan una menor concentración por tu parte. Ponte con lo principal en el horario que te hayas fijado.

Finalizo este capítulo con una reflexión. Esta sociedad condena al que posterga. Enseguida hacemos un juicio de valor del tipo «es vago, perezoso, dejado, irresponsable, distraído, poco cumplidor». Postergar no está bien visto, seamos francos. Pero todo en esta vida tiene su porqué. ¿Y si postergar encerrara también un aspecto positivo? Analicemos cuándo puede ser una señal que tenemos que escuchar.

- **Puede que estés ocupándote de tareas que podrías delegar.** Te aburren, te distraen y terminan por quitarte la energía que tendrías que poner en aquello que requiere tu creatividad.

- **Tal vez sea algo incierto, como un pequeño peligro.** Si estás postergando, por ejemplo, la decisión de ser socio de un amigo que te ha propuesto un negocio, igual es que tu intuición no tiene claro que tengas que meterte ahí. Ojo con las decisiones precipitadas.

- **Puede que lo que tengas entre manos sea algo que te conviene, más que algo que te apasiona.** A pesar de que no siempre puedes hacer lo que te gusta, sí es cierto que si llevas mucho tiempo dedicándote a lo que no te gusta y te sientes marchito, quizá deberías dar un enfoque distinto a tu vida. Todo desde el sentido común.

- **Por último, puede que necesites un momento distinto para realizar la tarea pendiente.** Con menos prisa, en otro espacio, en otro entorno, en otro momento. No corras, no hagas chapuzas; date el tiempo que necesites si piensas que precipitarte puede llevarte a cometer errores. Es justo lo que me ha ocurrido a mí al escribir este libro. Empecé a escribir tranquilamente en julio y agosto, con tiempo. Luego me sumergí en el guion y la memorización de mi última obra de teatro, *Entiéndeme tú a mí*. Comencé con mis viajes, giras y conferencias, y no encontraba el momento de tener cinco horas seguidas una mañana para centrarme y ponerme a escribir. Yo para escribir necesito tiempo, sin interrupciones, sin reuniones, sin viajes. Me agobié muchísimo pensando que no entregaría el libro en la fecha. Tanto me he agobiado que he decidido no escribir más libros por ahora..., hasta que no me vea en mi vida con más tiempo. Pero llegó la Navidad (hoy es día 17 de diciembre), finalicé la gira de 2023 y hasta mediados de enero no volvemos de nuevo a los escenarios. Y me encontré con ese tiempo que me había reservado en la agenda para escribir. Solo escribir. Con mi café, las velas y el jazz de fondo. Y todo empezó a fluir. :)

Si quieres ponértelo fácil y tener más tiempo para ti, recuerda este resumen para dejar de postergar:

1. **Agenda tus «despueses» hoy.** Mañana es tarde.

2. **Aprende a manejar las emociones en torno a lo que postergas.**
   a. ¿Qué emoción te genera lo que postergas?
   b. ¿Cómo podrías neutralizarla?
   c. Sé autocompasivo.
   d. Piensa en las consecuencias de seguir postergando.
   e. Practica el autoengaño.
   f. Pónselo difícil a tus obstáculos.
   g. Haz tu mínimo.
   h. Póntelo fácil.
   i. Habla bien de ti.

3. **Entrena tu disciplina y perseverancia.**
   a. Define el objetivo para que sea cuantificable y dependa de ti.
   b. Divide tu objetivo en pequeños pasos.
   c. ¿Cuál es tu primer paso?
   d. ¿Qué puede fallar?
   e. Visualiza lo que conseguirás.
   f. Cultiva la paciencia.
   g. Recuerda lo mal que te sientes cuando abandonas.
   h. Ten una rutina.
   i. Rechaza la trampa del lunes.
   j. No te distraigas.

4. **Analiza las señales:** ¿postergar podría ser algo saludable para ti, una señal de que seas más prudente, más paciente o de que algo puede ponerte en peligro?

11

ELIGE TU RITMO

> Tanta prisa tenemos por hacer, escribir y dejar oír nuestra voz en el silencio de la eternidad que olvidamos lo único realmente importante: vivir.
>
> ROBERT LOUIS STEVENSON

Contesta, por favor, a estas preguntas antes de sumergirte en este penúltimo capítulo:

- ¿Querrías ser viento o brisa?
- Si fueras un mar, ¿querrías ser oleaje o agua calmada?
- ¿Querrías ser un rápido de un río o un agua que fluye despacio, un agua cristalina que permite ver el fondo?
- Si vas por la calle y alguien viene de frente, ¿te gustaría que caminara a toda velocidad o que paseara apaciblemente con una sonrisa en la cara?
- ¿Prefieres que te hablen deprisa, o despacio y con calma?
- ¿Te sientes más a gusto en una cafetería atiborrada de gente bulliciosa o en una tranquila con luz cálida y poca gente?

No sé leer la mente, pero intuyo que has contestado como preferencia las segundas opciones. A todos nos calma la calma, el silencio elegido y la reflexión. Lo normal no es sentirse a gusto en un ambiente cargado de ruido, de exceso de luz, abarrotado, o en un entorno en el que todo el mundo corre a tu alrededor. Correr, ir deprisa, nos ayuda cuando es necesario, como cuando vas a perder un vuelo y tienes que correr hasta tu puerta de embarque. En esos casos, correr alivia, porque es el recurso para dar solución a un problema. Realmente, no se trata de ir despacio o ir deprisa, sino de ir a la velocidad que necesita tu vida.

La mayoría de las veces, ir deprisa no implica caminar más rápido ni pensar de forma más ágil. Significa ir internamente acelerado: sujetar las cosas con tensión, apretar la musculatura, hiperventilar y que el corazón te lata como si estuvieras corriendo los cien metros lisos, pero sin el beneficio de hacer ejercicio. La mayor parte del día no necesitas correr, no necesitas la prisa, a pesar de que hayas interiorizado que si corres, serás capaz de hacer más cosas en el día, serás capaz de acabar con esa lista interminable. Pero esa lista nunca termina. No conozco a nadie que al final del día diga que, gracias a las carreras que se ha pegado de aquí a allá, ha ganado cincuenta minutos que invertirá en su clase de yoga online.

Imagínate yendo por la calle y encontrándote con alguien conocido, que te saluda levantando la mano mientras le da tortícolis por sujetar el móvil a la vez que habla, se mira el reloj y te medio sonríe mostrándote lo feliz que se encuentra y por ser agradable, mientras tú esperas a ser atendido. Una vez que cuelga, te da un abrazo efusivo, tan fuerte que casi te arranca la cabeza del pescuezo, y te dice que anda liadísimo, que va todo el día corriendo de un lado a otro, que qué mal está todo y las ganas que tiene de cogerse vacaciones. Apenas te deja hablar, no te pregunta cómo te va, se despide diciéndote que a ver cuándo quedáis para tomar una cerveza y sale disparado a punto de que lo atropellen porque ni se ha dado cuenta de que el semáforo está en rojo para los peatones.

Escenas como esta se viven todos los días en la calle. Y a mí, solo de escribirla, me estresa. La gente vive a un ritmo acelerado. La gente vive en la «prontomanía», una palabra que me inventé hace años. Para mí significa la necesidad de contestar a todo de forma inmediata, como si no hubiera un mañana, como si los correos desaparecieran en el momento en el que se leen o como si la gente fuera a ofuscarse si no contestas al WhatsApp a la de ya. Parece que la prisa dé prestigio porque indica que estás ocupado, que tienes mucho trabajo, y eso significa que eres un gran profesional. Falso.

En el equívoco de querer hacer todo, querer hacerlo bien y querer hacerlo ahora, intentamos hacerlo con prisa, a la voz de «ar»… Corre, rápido, venga, que no llegamos; caminamos corriendo, comemos corriendo, vestimos a los niños corriendo, nos maquillamos en el espejo del coche durante el rojo de un semáforo… y jugamos con nuestra salud con cada acelerón que pegamos. Porque no nos engañemos, damas y caballeros, cada acelerón nos deja una arruga, una cana, un sistema inmunitario vulnerable, una emoción de tristeza o la sensación de que nuestra vida es un sinsentido.

La prisa tiene un motivo: llegar a la hora. La prisa nos ayuda a meter una marcha más cuando la situación lo requiere. Es como la ansiedad, que permite acelerar todo el cuerpo para ponernos a salvo de una amenaza. El problema en cuanto a la prisa y la respuesta de ansiedad es que las utilizamos mal. Interpretamos

erróneamente amenazas que solo son incomodidades, y mete-
mos una marcha más cuando la situación no lo requiere o por hacer
más actividades de las que caben en un día de veinticuatro horas.

La prisa nos cambia el estado de ánimo, nos roba serenidad,
nos obliga a vivir a un ritmo forzado, debilita nuestro sistema
inmunitario e incluso nos lleva a traicionar nuestros valores. Te
cuento un experimento muy interesante cuyo título es «De Jerusalén
a Jericó». Se buscaba estudiar la conducta de ayuda en situaciones
de emergencia. Los participantes se encontraban en la calle a una
persona desplomada y mal vestida. Un grupo de participantes eran
religiosos que iban a impartir una charla sobre la parábola del
buen samaritano. El otro grupo iba a impartir una charla sin
vínculos con la conducta de ayudar. ¿Sabes quiénes se pararon
más a ayudar? ¿Los religiosos que iban a impartir una charla sobre
la parábola del buen samaritano, relacionada con la conducta
de ayudar, o las personas del otro grupo, ajenas a esta conducta de
ayuda? La condición religiosa y el fin de la charla no tuvo nada
que ver con ayudar a la persona desplomada en la calle. Solo tuvo
una correlación el hecho de no tener prisa. Los que iban con prisa
no se pararon, ni siquiera aunque fueran a impartir una charla
sobre ayudar a los demás.

O decidimos en firme, con conciencia y determinación, elegir
otro ritmo de vida, o será la vida la que un día elija darnos un susto
y ponernos patas arriba. Y es que hay personas que hasta que no
tocan fondo no reaccionan. Pensamos equivocadamente que
estar en varias cosas a la vez e ir rápido y corriendo incrementa
nuestra eficacia, pero es un error. Lo que se incrementa con ese
ritmo acelerado es nuestra ansiedad. Si piensas que al bajar el ritmo
dejarás de llegar a todo, puede que estés en lo cierto, pero igual es

que llegar a todo no es lo correcto. Porque llegar a todo es dejar de llegar a tu salud física y mental. Y no, no me digas que si bajas el ritmo será peor. Porque no hay nada peor que verte meses de baja por no haber escuchado las señales de tu cuerpo y de tu mente.

La prisa también puede ser sinónimo de mala gestión del tiempo, desconcentración, olvidos y desequilibrio personal y profesional. Yo no dejaría mis asuntos importantes en manos de alguien que no tiene cinco minutos para sonreír, para preguntar cómo estoy, para hablar de forma relajada un momento y transmitirme paz y sosiego. Correr e ir deprisa te convierte en impulsivo e impreciso. Cometes más errores, errores que tienes que corregir y que te hacen perder tiempo. Hacer cientos de cosas y no disfrutarlas es como no hacer nada. Las personas con calma, las que optimizan su tiempo para trabajar y disfrutar de la vida en todos los sentidos, dan buen rollo. Hay personas que hacen ejercicio, quedan para tomar una cerveza sin mirar el reloj constantemente, hablan contigo por teléfono y te dan la sensación de que te escuchan (curioso que esto nos llame la atención), se paran por la calle, te sonríen y hablan cinco minutos sobre temas triviales por puro placer y cortesía, ven una película la tarde del sábado y se quedan adormiladas en el sofá, y cocinan con música mientras disfrutan de cada paso de la receta. Las hay; estas personas existen.

Tú puedes ser una de estas personas. ¿Te sientes irritado, agresivo, con ganas de llorar y no sabes por qué, cansado todo el día, robando horas al sueño, con poco o nulo autocontrol, saltándote tus hábitos de vida saludable porque no tienes tiempo ni motivación para cuidarte? Pues es hora de tomar decisiones.

Para, reduce, contempla, mira a tu alrededor, enlentece, utiliza la palabra *slow* y levanta el pie del acelerador. Tienes derecho a elegir qué ritmo imprimir a tu vida, a elegir disponer de tiempo para tu ocio, tiempo para tumbarte las tardes del fin de semana en el sofá, tiempo para pasear sin rumbo, solo por el propio placer de sentir el solecito calentar la piel de tu cara. El tiempo no es algo que deba consumirse en grandes cantidades y a borbotones. El tiempo es algo para saborear, incluso cuando tienes que entregar un informe urgente. ¿La calidad del informe es mayor si lo redactas estresado? ¿Encuentras mejores soluciones? ¿Eres más creativo? ¿La vida te va mejor, tienes buena cara, tu descanso es óptimo y disfrutas de la vida? No, no a todo. Debes elegir y decidir con qué ritmo deseas vivir. Igual la fórmula para tener tiempo no es tener una lista interminable de actividades y ver cómo las metes dentro de un espacio. Igual es decidir con qué espacio cuentas y a qué ritmo quieres vivirlo, y entonces decidir qué cabe dentro.

Eigenzeit, como muchísimas palabras alemanas, es un término compuesto; en este caso, por *Eigen*, que significa «propio», y *Zeit*, «tiempo». No hay nada más valioso que esto. Por favor, dale la importancia y el valor que se merece. Honrar tu tiempo es decidir con qué te comprometes, con qué no, a qué ritmo deseas hacer las cosas y qué atención e intención pondrás en cada momento. Cada uno tiene su ritmo; no lo aceleres porque te veas presionado por la sociedad.

Bajar el ritmo no es ir «pasmao» por la vida. Para cambiar de ritmo, puedes empezar por practicar los siguientes consejos:

1. **Aprieta el botón de pausa**, como si tuvieras un mando a distancia con el que decidir el ritmo. Es un gesto simbólico, pero ayuda a tomar conciencia de que es el momento de empezar a tener una vida más pausada. Apretar el botón de pausa es el primer paso. Ten la intención de parar. Hay que disponer de una señal, un anclaje que te recuerde el deseo de vivir a otro ritmo. Anticípate a la situación diciendo: «Ahora, pausa». Utilízalo cuando escribas algo en el ordenador; cuando salgas a hacer ejercicio; cuando te sientes a ver la tele, a comer, a hablar; cada vez que descuelgues el teléfono. «Pausa» significa que vas a atender lo que ocurra en ese momento, dejando que tu atención y tu respiración estén en el presente. Y si llega algún pensamiento o preocupación que te atormenta, o un mensaje al móvil, déjalos estar. Basta con que no prestes atención a otras distracciones.

2. **Deja marchar** lo que sea, déjalo marchar. Deja marchar ese exceso de actividades, deja marchar tareas inútiles en tu vida, deja marchar esos estresores que te consumen la vida. Necesitas minimalismo, no solo con lo que gastas en ropa, electrónica u otros objetos: minimalismo con tus actividades de trabajo y ocio. No necesitas estar en todos los frentes, no necesitas participar en todo.

3. **Haz cosas intencionadamente más despacio**: andar o conducir más despacio, comer sentado, cuidar lo que comes y no saltar a por la primera croqueta como si no hubiera un mañana, desconectar del trabajo al salir. ¿Sabías que siete de cada

diez españoles siguen conectados a su trabajo después de su horario laboral?

4. **Respira, observa, no hagas nada.** Ten tiempo para observar, para sentir que respiras, para dedicar pequeños momentos del día a estar contigo. Son muy recuperadores en el plano cognitivo.

5. **Decide cuánto tiempo deseas dedicarle a la tecnología.** No eres esclavo de la tecnología. Al revés: la tecnología, las redes sociales, los correos o los wasaps deben estar a tu servicio.

6. **Sé paciente.** No pites, no grites, no mires el reloj continuamente, no pongas mala cara cuando alguien se atasca en la cola del supermercado, no te enfades si avanza más la cola del banco que no elegiste, no cruces en rojo, no verbalices «es que tengo mucha prisa». Nada de lo expuesto te ayuda a que el mundo ande más deprisa, pero sí desencadena en ti ira, frustración y ansiedad.

7. **Decora tu casa bonita.** La corriente *housewarming* (entiéndase como «calentarse la casa») defiende que un hogar ordenado, limpio, con luz natural y decorado a tu gusto favorece el disfrute de la casa y el *nesting*, que viene de la palabra inglesa *nest*, «nido», y hace referencia a la idea de estar a gusto en casa el fin de semana, sin tener que pasar todo el día en la calle acudiendo a muchas actividades, sino sentir el placer de disfrutar sin horarios, sin rutinas, en tu hogar. Es importante vivir en un hogar en el que te apetezca estar. Poco a poco puedes ir cambiando esos muebles que no te gustan, comprando menaje con el que disfrutes a la hora de cocinar o comer. Añade detalles como velas, olores, flores, plantas. Se trata de vivir en un hogar que te inspire armonía. Ten en cuenta la luz. Puedes conseguir darle mucha más calidez cambiando las bombillas.

8. **Adopta el minimalismo como filosofía de vida.** Practica el consumo responsable y el comercio justo. Lo siento, no puedes aliviar tus frustraciones con pequeñas compras que aparentemente te dan felicidad, porque esa felicidad es efímera. Cuanto menos necesites, menos tendrás que comprar, y más dinero y menos necesidades tendrás. Menos tendrás que hacer por mantener un nivel económico que no precisas. No te hace falta un bolso supercaro, ni el último móvil. Tampoco cambiar de coche cada cierto tiempo. Todo esto no te da ni prestigio, ni credibilidad, ni éxito. Deshazte de todo lo que te agobie. Nos dedicamos a acumular de todo en casa... porque nos da pena, por la nostalgia, por si un día le damos un uso, porque no nos gusta tirar cosas. Lo cierto es que las casas recargadas o con armarios llenos y cajones rebosantes de papeles, recuerdos, regalos y ropa antigua solo quitan espacio y producen asfixia. Haz una limpieza de todo aquello que no utilizas o que no te gusta. Y dona. Cuantas más cosas saques de tu casa, más liberado te sentirás. Te animo a practicar el minimalismo, a vivir con menos, a vivir con lo que de verdad tenga un significado para ti. Desde que he interiorizado esto en mi vida, mi casa es más espaciosa y tiene más luz, no me encuentro con objetos o utensilios que no sirven para nada y, lo mejor, gasto menos porque he dejado de comprar chorradas inútiles que luego no utilizo.

9. **Disfruta de los detalles.** No disfrutamos del presente porque muchos de los detalles que ocurren a nuestro alrededor forman parte de nuestros «normales». Es normal tener agua caliente, es normal tener fruta fresca, es normal tener amigos con los que reír y desahogarse, etc. Cuando algo pasa a ser normal, pierde valor. Dejamos de ser agradecidos con ese momento y,

con ello, de disfrutarlo. Presta atención a lo que te rodea, agradece lo que tienes, sé consciente del nivel de bienestar del que gozas. Y deja de mirar tanto lo que te falta y lo que no funciona.

10. **Pasea por la vida** y ve a trabajar, a tomar algo con amigos, **con un caracol o una tortuga en el bolsillo o en el bolso**. Es otro ejercicio simbólico, con sentido del humor, que te recordará tu intención de bajar el ritmo.

El movimiento *slow* surge por la necesidad de dar valor a otro estilo de vida. Hay *slow food*, *slow sex*, *slow cities*. Busca un equilibrio. Decide cuándo actuar de forma rápida, como correr ante la salida de un tren para no perderlo, y cuándo actuar con lentitud, de forma reposada, estando atento al momento y dejando que ese momento te deje huella.

La prisa y la rapidez nos enferman. De hecho, cuando comemos rápido, tendemos a elegir muchos más procesados; elegimos comida fácil. Ir rápido también nos lleva a robar horas al sueño. El cansancio y la falta de energía son el detonante para que muchas personas consuman estimulantes de todo tipo. Hasta la cafeína se les queda corta.

¿Qué cosas te gustaría hacer más despacio? ¿De qué crees que disfrutarías más si le dedicaras tiempo de calidad? ¿Cuántas de esas cosas son importantes en tu escala de valores? Por si no te hubieras planteado nunca estas preguntas, te facilito cuarenta y cinco propuestas para ir trabajando en ellas. Empieza por la que quieras. No están ordenadas por temas; solo es una lluvia de ideas. Léelas tranquilamente y decídete por la que más te llame la atención.

1. Sé hospitalario.

2. Tómate tiempo para saludar, hablar o conocer gente en la calle.

3. Come despacio. La comida no es solo un combustible. Es un placer, un acto social, un disfrute.

4. Baja el volumen de tus auriculares o de la música.

5. Compra menos, y que lo que compres sea de mejor calidad.

6. Conduce despacio.

7. Baja el volumen de tu conversación.

8. Habla más lento.

9. Conoce el nombre de tus vecinos.

10. Di buenos días cuando entres en cualquier establecimiento.

11. Si eres corredor, saluda al resto de los corredores con una sonrisa y un movimiento de manos.

12. No toques el claxon si el coche de delante tarda en arrancar al ponerse el semáforo en verde.

13. Siéntate un rato sin más intención que relajarte.

14. Medita.

15. Respira.

16. Observa.

17. Exprésate con palabras como «calma», «disfrute», «fluir», «lento», «paciencia», «serenidad», «amor», «amabilidad».

18. Haz punto, donde sea, al estilo de Nueva York. Allí han descubierto la actividad de tejer como la panacea de la salud mental y la gente teje hasta en el metro.

19. Sé educado y cuida las formas.

20. Concéntrate durante minutos en conceptos bonitos, como el amor, la amistad, la naturaleza. Piensa en ellos y en lo que te evocan.

21. Sé más cuidadoso con tus movimientos, como si no quisieras romper nada.

22. Sonríe.

23. Practica yoga o taichi.

24. Sé agradecido contigo, con la vida, con tu momento.

25. Practica actividades que inviten a ser lento y paciente, como hacer puzles, pintar mandalas o jugar al ajedrez.

26. Practica chi kung.

27. Haz estiramientos y ejercita la movilidad.

28. Camina sin más intención que la de recrearte en tu paseo.

29. Ve a algún taller de sexo tántrico. No solo mejorará tus relaciones sexuales, sino también la calidad y profundidad de tu relación de pareja.

30. Manda mensajes de agradecimiento.

31. Siembra, hazte con un huerto urbano, cuida de tus plantas. La naturaleza relaja, inspira sosiego y, además, tiene su propio ritmo. No le metas prisa; ni las flores florecerán cuando tú quieras ni te crecerá antes la hierbabuena.

32. Quítate aplicaciones del móvil que inviten a la inmediatez en el consumo de cualquier naturaleza: ropa, artículos para el hogar, deporte, ligar...

33. Borra la palabra «productividad» de tu vida y, en su lugar, utiliza sinónimos como «crear», «creatividad», «ofrecer», «generar»...

34. No permitas que el trabajo se apodere de tu vida. No te cases con el trabajo; cásate con la vida, con tus aficiones, con tu pareja, con una filosofía que te dé un propósito.

35. Ten veladas y sobremesas relajadas, disfrutando de tu pareja.

36. Recuerda la importancia de la ética, la dignidad y los valores. Dedica tiempo a reflexionar qué significan para ti y si están alineados con tu modo de estar y estar en la vida.

37. Apúntate a un club de lectura. Ni siquiera tiene que ser una actividad presencial. Puedes seguir el mío, @clubdelectura patripsicologa. Nos reunimos una vez al mes a través de un directo con el autor.

38. Si te lo puedes permitir, delega o cuenta con ayuda doméstica que te permita dedicarte a tus otras responsabilidades y a tus actividades de ocio con menos prisa, con más calma.

39. Cierra los ojos durante unos minutos al día, sin hacer nada más. Por favor, no lo hagas conduciendo, ni caminando por la calle, ni manejando nada. ☺

40. Duerme la siesta cuando tengas la oportunidad.

41. No te saltes etapas de tu vida por llegar antes o llegar primero. Podrás seguir avanzando, pero no volver a la casilla de salida.

42. Practica actividades lentas: manualidades, pintura, bricolaje, restaurar muebles, aprender a tocar un instrumento...; todo aquello que requiera atención, concentración, paciencia y pausa, y no dé un resultado inmediato.

43. Diviértete durante el día. No te reserves para el fin de semana.

44. Ponte en la cola más larga del supermercado, por puro placer, por observar cómo avanza, los alimentos que eligen otras personas, la sonrisa del cajero. Las colas son lo más odiado por las personas que van con prisa. Sería el *summum* que pudieras estar ahí solo por placer.

45. Ponte a la derecha; sal del carril rápido. No solo en la carretera: en tu vida.

Recuerda algo muy importante: la prisa suele acompañarse de ira, mientras que la lentitud, de serenidad. Mereces una vida serena.

**Si quieres ponértelo fácil y tener más tiempo para ti, recuerda
este resumen para despedirte de las prisas:**

1. Aprieta el botón de pausa.

2. Deja marchar.

3. Haz cosas intencionadamente más despacio.

4. Respira, observa, no hagas nada.

5. Decide cuánto tiempo deseas dedicarle a la tecnología.

6. Sé paciente.

7. Decora tu casa bonita.

8. Adopta el minimalismo como filosofía de vida.

9. Disfruta de los detalles.

10. Pasea por la vida con un caracol o una tortuga en el bolsillo o en
    el bolso.

12

FACILÍTATE LA VIDA

Un minuto que pasa es irrecuperable. Sabiendo esto, ¿cómo podemos malgastar tantas horas?

GANDHI

Facilitarse la vida es un indispensable para vivir. Nada te facilita más la vida que actuar. Invertimos mucho tiempo en analizar la mejor opción y elaborar el mejor plan, y tardamos en actuar. Cuando queremos ponernos con ello, estamos agotados de todas las vueltas que le hemos dado. Actúa. Uno de mis pósits más compartidos es el que dice: «Entre el deseo y tu objetivo está la acción. Nada ocurre si no participas».

Facilitarte la vida requiere que el entorno esté a tu favor. Te pongo un ejemplo relacionado con el cambio de hábitos en la alimentación. Si al llegar a casa muerta de hambre te encuentras con un melón que tienes que partir y una caja de galletas que ya está abierta, es más probable que cojas una galleta. Partir el melón da pereza. Pero si te encuentras en la nevera una fuente con el melón troceado será mucho más fácil que piques melón antes que las galletas. Por lo menos aumentas la probabilidad. Póntelo fácil con la gestión del tiempo.

Necesitas **señales visuales o auditivas** para recordarte tus cambios. No abuses de tu atención ni de tu memoria. No suelen ser las mejores aliadas cuando tratas de cambiar comportamientos. Por ejemplo:

- Si eres de esas personas que tardan en elegir qué ponerse, déjate la ropa preparada la noche antes.
- Si te cuesta encontrar las cosas antes de salir y eso te retrasa, deja las llaves, el bolso, el móvil, la cartera de trabajo o la chaqueta siempre en el mismo sitio.

Algo que ayuda a facilitar nuestra vida es **la belleza, hacer las cosas atractivas**. Yo tengo devoción por los utensilios de cocina y el menaje. Si entro en una tienda en la que veo cachivaches para cocinar o una mesa puesta preciosa, con fuentes, boles, bajoplatos y copas divinas, querría llevármelo todo. Esa tienda está facilitando mi deseo de compra. Lo mismo ocurre con la gestión del tiempo. Haz que ser puntual, tener tiempo para ti, actuar con agilidad y prestar atención sea atractivo.

El atractivo puede estar en ser consciente de cómo las consecuencias mejoran y «embellecen» tu vida, como decorar tu espacio de trabajo para que la estética afecte positivamente a tu agilidad, tu bienestar y tu concentración en las tareas que realizas.

Para finalizar este libro, te expongo una serie de acciones que pueden facilitarte la vida para que dispongas de más tiempo. Estas son mis ideas; sería genial que te invitaran a escribir todas las que se te ocurran. Anota todo lo que se te pase por la mente, aunque luego no lo lleves a la práctica.

1. **Hazlo bien.** Con la cantidad de cosas que tenemos por hacer y el ritmo de vida que llevamos, rara vez encontramos momentos para repetir lo que no hemos cuidado o hemos dejado a medio hacer. Dedica tiempo, mimo y cuidado a tu trabajo y a tus responsabilidades. Hay una frase de John Wooden, entrenador estadounidense de baloncesto, que decía algo así como: «Si no tienes tiempo para hacerlo bien, ¿cuándo tendrás tiempo para hacerlo de nuevo?». Es esclarecedora. El momento es ahora, y tu nivel de bienestar aumenta con el trabajo bien hecho.

2. **Deja de comprar por comprar.** Compra ropa, utensilios de cocina o herramientas de bricolaje que necesites, que te faciliten la vida.

3. **Haz la compra cada dos semanas con un menú cerrado** que te facilite no tener que pensar qué cocinas cada día.

4. **Practica el *batch cooking*.** Ya que te pones a cocinar y ensuciar la cocina, haz dobles raciones que puedas congelar.

5. Elabora un listado de **recetas saludables que se cocinen en treinta minutos** como máximo para esos momentos en los que te dé más pereza cocinar.

6. **Ten una secadora.**

7. Compra ropa de tejidos que **no necesiten plancha.**

8. Pon un **sistema de riego para las plantas** de la terraza.

9. **Concierta las horas para peluquería, manicura, fisio o lo que sea que visites con regularidad de tres en tres meses.** Es decir, coge citas para tres meses. Tener ese compromiso te ayudará con la gestión de la agenda.

10. **Ten en casa repuesto de todo**, tanto de alimentación como de enseres de baño, pilas, bombillas, etc. Siempre hacen falta cuando no hay manera de salir a comprarlos.

11. **Pon las alarmas en el móvil de toda la semana**, sobre todo si necesitas levantarte a horas distintas cada día.

12. **Lo que utilices a menudo**, como gafas de cerca, crema de manos o agua, **tenlo repetido por casa** (una cosa en la cocina, otra en la tele...).

13. **Ordena.** Armarios, bolsos, mesa de trabajo, despensa, cajones, bricolaje, costura, repuestos, etc.

14. **Tira, dona, regala.** Tener un hogar recargado te dificulta la vida. Te quita espacio y tiempo. Cuando solo has de elegir entre cinco camisas ahorras más tiempo que si tienes veinte. Y de esas veinte seguro que hay diez que no sueles ponerte nunca. La regla es la siguiente: si llevas más de tres años sin ponerte una prenda de ropa, dónala.

15. Si puedes permitírtelo, **contrata a personas capacitadas y profesionales para hacer el trabajo que a ti no te gusta o te cuesta más hacer.**

16. **Deja tus habitaciones recogidas después de usarlas.** Friega o guarda en el lavavajillas lo que has utilizado en la cena. Es muy desagradable encontrarte con la cocina sucia cuando te levantas por la mañana. Cuando utilices el baño, cuelga bien las toallas y pasa el limpiacristales por la mampara; ah, y cierra los tapones de los geles. Deja ordenado el salón después de ver la tele, tal y como te apetecerá encontrártelo cuando vayas a sentarte a descansar la próxima vez. Recoge la ropa usada; o la cuelgas o la echas a lavar. Guarda la ropa limpia y planchada, deja clasificada la ropa de la lavadora para el día siguiente, y así con todo lo que puedas.

17. **Ten ordenados tus asuntos personales en carpetas distintas:** cuestiones médicas, seguros, manuales de electrodomésticos, bancos, pasaportes, etc.

18. **Establece horarios y días concretos para las tareas repetitivas:** regar las plantas, hacer la compra, etc. Mismo día, misma hora.

19. **Ten en casa unos mínimos de papelería y regalos:** papel de regalo, tarjetas de felicitaciones, papel celo, pegamento, notas, rotuladores, sobres, bolsitas de regalo. Siempre hacen falta cuando no tienes en casa, y acercarte a una papelería te hace perder tiempo.

20. **Facilítate hábitos que dan pereza dejándotelo todo preparado:** la bolsa del gimnasio o la ropa de correr fuera del armario, la fruta cortada en fuentes en la nevera, la colchoneta de yoga estirada en el salón, la agenda abierta con las llamadas pendientes, el libro en la mesita de noche, la plancha del pelo enchufada mientras te duchas, el agua en una botella termo que la mantenga fría en tu mesa de trabajo, los móviles fuera de tu alcance cuando **te** vas a la cama, la cafetera cerrada y recargada con el agua y el café (si eres de los que preparan el café en la cafetera italiana), etc.

21. **Compra por internet** lo que suelas adquirir en grandes almacenes o centros comerciales porque no te quede más remedio que hacerlo ahí. Te facilita mucho la vida.

22. **Si eres de las personas que hacen ejercicio al finalizar el día, sal del trabajo con la ropa de deporte puesta o cámbiate nada más llegar a casa.** Yo en invierno suelo correr al mediodía, porque en Zaragoza a las siete de la mañana hace mucho frío. Si no tengo ninguna reunión, y ahora incluso teniéndola, me visto de runner desde primera hora de la mañana. Una vez puesta la ropa deportiva, es muy complicado que a la una, a pesar de tener pereza, no vaya a correr. En cambio, si me visto de persona, como suelo llamar yo a vestirme de trabajo, la pereza de tener

que cambiarme al mediodía puede arruinar mi sesión de running. Y sí, en estos momentos de mi vida, con cincuenta y dos años que tengo al escribir el libro, me da igual si alguien se ofende detrás de la pantalla durante un zoom porque vaya vestida de deporte en lugar de maquillada y con un vestido. Es lo que hay; privilegios de tener edad y experiencia laboral.

23. **Utiliza una aplicación en el móvil que te impida usarlo durante el tiempo que deseas desconectarte para conectar con otra tarea.** Te sugiero varias: Forest, Bienestar Digital, FocusMe, Offtime... Estas aplicaciones son algunos ejemplos, pero tienes muchas más.

24. **Ten a mano alguna escalerita de dos peldaños.** Dejamos de coger cosas de los altillos o de utilizarlos porque no llegamos, y sacar la escalera del trastero suele darnos mucha pereza.

25. **Sal de compras con listas.** No solo para la compra del supermercado, sino incluso cuando sales por el gusto de ir de compras. Ahorrarás tiempo y, sobre todo, dinero. No es lo mismo ir de tiendas que ir a comprar un jersey azul marino.

26. **Quita la televisión del dormitorio.** Te roba horas de sueño y de sexo. No hay nada más recuperador para tu salud física y mental que dormir las horas que necesitas. Tu concentración y atención mejoran cuando estás descansado, así que cualquier elemento que te distraiga de lo importante, dormir, sobra en tu habitación.

27. **Ponte una alarma para ir a dormir**, igual que tienes alarma para despertarte.

28. **Elimina todas las notificaciones** de apps, correos publicitarios, etc., que te hacen cotillear y te distraen de lo que estás haciendo.

29. **Quítate los juegos de la tableta y del móvil.** En su lugar, bájate un buen libro en Kindle.

30. **Anota en tu agenda los cumpleaños y fechas significativas** de tus seres queridos.

31. **Ten notas visuales para todo.** La mente está demasiado ocupada como para acordarse con facilidad de todo. Pon pósits en la nevera, en tu mesa de trabajo, en tu dormitorio, en el espejo, en tu agenda...

32. **Lleva un registro de tus chequeos médicos** para poder pedir hora a principios de año y dejar ese asunto cerrado, como la visita al ginecólogo o al urólogo, la limpieza del dentista, una analítica, la revisión de la vista, etc.

33. **Acaba algo pendiente.** Ordena un cajón, regala ese jersey que llevas años sin ponerte, manda esa felicitación pendiente, compra ese regalo. Acabar lo pendiente nos hace sentirnos muy satisfechos e incrementa nuestro bienestar.

34. **Quéjate menos.** La queja nos cambia el estado de ánimo, el foco de atención y la capacidad para resolver problemas. Nos quejamos de más porque agradecemos de menos. La queja nos quita la capacidad de estar en el aquí y en el ahora.

35. *Bring forward.* Es como el *batch cooking*, pero del tiempo. Adelántate cosas, deja el terreno preparado, facilítate el momento. No dejes todo manga por hombro al acabar el día. Coge el hábito de dejar tus cosas ordenadas. Dedica diez minutos a ver qué no has hecho revisando la agenda de hoy, visualiza qué tienes mañana, deja la mesa de trabajo ordenada. El orden al finalizar el día debe incluir tu orden de mañana:

    - Tu lista de actividades profesionales. ¿Qué pone tu agenda para mañana? ¿Lo tienes todo (el resumen de la reunión, el billete de tren, los documentos de un caso...)? Déjate tus carpetas, documentos, maletín o presentación preparados.

- Tus hábitos de vida saludable. La hora de tu actividad deportiva; una visita al médico, fisio, masajista, dietista, etc.; lo que vas a comer y cenar; tus rutinas de higiene; tu rato de meditación...

- Tus temas pendientes y su reubicación. ¿Qué llamada no has hecho hoy? ¿Tienes un correo sin contestar, una respuesta pendiente a un cliente, un artículo por acabar? Comprueba que mañana tienes espacio para reubicarlo; en caso contrario, búscale otro hueco o pospón alguna tarea de mañana que puedas hacer otro día.

- La mesa o el espacio en el que trabajas. Deja ordenados tus papeles, el ordenador, las herramientas y los utensilios, del tipo que sean. Que mañana te apetezca entrar a trabajar. Si ordenas cada día tu espacio de trabajo, siempre lo tendrás bien y te facilitará mucho tu orden mental y la gestión del tiempo.

36. **Abandona objetivos que llevas tiempo persiguiendo, pero para los que no encuentras la motivación suficiente.** Seguir persiguiendo fantasmas genera frustración, baja la autoestima y te hace perder el tiempo planificando lo que no te apetece.

37. **Recuerda los efectos de algunas cosas que puedan sentarte mal o traerte consecuencias incómodas.** A mí me encantan los helados. Me gustan muchísimo. Me gustan tanto que a veces se me olvida que me sienta mal la lactosa. Si antes de comerme un helado recuerdo que luego me sentiré fatal, me lo pienso dos veces. Y digo helados como podría decir contestar a un mensaje del que luego pueda arrepentirme. Pensar en el presente en las consecuencias nos facilita la vida en el futuro.

38. **Renuncia.** Sí, ya lo siento. Cuando yo era mucho más joven tenía grandes planes para mi vida, entre ellos viajar mucho más de lo que lo he hecho. Por los motivos que sean, no he podido,

y no sé si podré en un futuro, pero ahora ya no forma parte de mi vida como algo necesario. No lo es. No voy a ser más feliz ni más completa por viajar más. Trato de estar a gusto con lo que hago y lo que tengo. Y si surge algún viaje, estupendo, maravilloso. Pero no pierdo el tiempo pensando en cuándo será el momento perfecto en el que pueda hacer realidad tanto sueño pendiente.

39. **Pide a la gente de tu alrededor que sea concisa.** Nos perdemos en llamadas larguísimas que no son necesarias, en correos electrónicos con más explicaciones de la cuenta y en audios de WhatsApp que parecen pódcast. Yo le pido a mi gente que sea práctica y concisa. No me gustan los preámbulos ni las introducciones justificativas no pedidas. Suena cortante, pero al final me ahorra mucho tiempo. Incluso se lo pido a mis seguidores. Me gusta estar al tanto de las necesidades de la gente que me escribe, pero son cientos al día. Cuando veo que una seguidora me escribe por privado cuatro o cinco mensajes seguidos larguísimos, le contesto con sinceridad: «Hola, recibo cientos de mensajes diarios que me gusta poder atender. El tuyo es muy largo; ¿serías tan amable de resumírmelo para poder dedicarle tiempo y contestarte?». Me parecería una hipocresía ponerle un corazoncito como si lo hubiera leído no siendo así.

40. **Es ahora.** Nada te facilita más la vida que ocuparte de lo que tienes que ocuparte. Hemos hablado ya de parar de postergar, pero te dejo este mantra para cuando te surja el conflicto interior: «Hazlo ahora». Si no, tendrás que hacerlo en otro momento. Haz esa llamada que te da tanta pereza, contesta ese mensaje que no te apetece, declina la invitación al acto al que no deseas asistir. Hazlo ahora.

41. **Entrena tu agilidad mental.** Piensa con agilidad, no te pierdas en asuntos insignificantes, no te enredes en batallas que no son importantes, cede y haz concesiones y, sobre todo, toma decisiones. No sé a ti, pero a mí me molesta que me hagan perder el tiempo con tonterías.

42. **Prioriza.** Todo no cabe. Y antes de meter más en tu agenda, debes sacar. Para priorizar debes invertir tiempo en decidir con qué escala de valores deseas vivir. Sí, se trata de una cuestión profunda, existencial, pero es la guía que te facilitará tus elecciones y tu toma de decisiones. Es la guía que te ayudará a priorizar. Porque lo que para ti es importante necesita que le dediques tiempo. En su lugar, se lo dedicamos en grandes cantidades diarias a asuntos que no suelen ser importantes.

43. **Concentración.** No te disperses, estate a una sola cosa, céntrate en lo que tienes que resolver, déjate de distracciones. No es el momento de divagar, sino de concretar, cerrar, decidir. A veces la mente necesita un poco de presión para focalizar mejor. Tu mente necesita saber de qué tiempo dispone para resolver o realizar lo que toca en este momento.

44. **Acuéstate pronto.** A veces todo lo que haces al finalizar el día te lleva a perder el tiempo de forma tonta. Un capítulo más de la serie, comer chocolate o cualquier chuchería en el sillón, navegar por internet y comprar lo que no necesitas... Estas actividades no sueles hacerlas a primera hora de la mañana. Es preferible que cojas el hábito de acostarte antes, descansar y aprovechar la mañana para hacer algo de ejercicio o meditar.

45. **Comprométete siempre con tiempo de más con los demás.** Así no fallarás nunca. Y siempre quedarás como una persona cumplidora. Para mí, esta regla es de oro.

46. **Apúntate al Kloshletter de Charo Marcos.** Todos los días, a las siete de la mañana, recibirás un correo con el resumen de las noticias importantes. Así podrás decidir con un simple correo a qué noticias deseas prestar atención en lugar de revisar varios periódicos.

47. **Haz menos.** Nos vemos más capaces de lo que somos. Nos llenamos la agenda de una cantidad inasumible de actividades, responsabilidades, etc., y luego vamos como pollo sin cabeza de un lado a otro queriendo cumplir con una lista que corresponde a un día de treinta y seis horas, no de veinticuatro.

48. **En la sencillez está la serenidad.** Tus hijos no necesitan la tarta más espectacular en su cumpleaños; disfrutan igual con una sencilla de galletas y chocolate. No tienes que ser tampoco el mejor anfitrión; tus invitados solo desean pasar un rato contigo. Yo recuerdo haber hecho lasaña alguna Nochebuena porque mis hijos preferían ese plato a un pescado maravilloso al horno o un pavo que ni siquiera sé cómo se rellena.

49. **Lleva un bloc de notas,** en papel o en el móvil, para anotar todas esas cosas que te surgen de repente, desde la lista de la compra hasta llamadas o tareas pendientes. No abuses de tu memoria. Como ya te he contado, yo tengo un chat de WhatsApp conmigo misma.

50. **Ante la duda, atiende tus valores.** Muchas veces al día puedes tener la sensación de perder el tiempo con tus dudas, algunas de ellas insignificantes, como qué plato elegir del menú. Cuando tengas dudas, facilítate la vida pensando en tus valores.

Ten la intención de hacerte la vida fácil en cada decisión o paso que vayas a dar. Fácil no es sinónimo de ausencia de esfuerzo o trabajo; para mí es sinónimo de «descomplicarse». El esfuerzo y la disciplina han sido dos constantes en mi vida, y gracias a ellos he conseguido una vida con sentido. Yo no me he borrado de responsabilidades. Al revés, mi vida está siendo de un compromiso total, con mi familia, con mis amigos, con mi trabajo, conmigo. Pero fácil. Fácil de mente, fácil de emociones, fácil en el sentido de interpretar al otro y las circunstancias.

Te deseo una vida fácil, serena y con tiempo para perder. Nos han inculcado que «no estamos para perder el tiempo», y con ello nos ahogamos haciendo de todo para aprovecharlo a tope. Así pues, también te deseo que tengas tiempo para perder. Sería una señal maravillosa de tu buena gestión del tiempo y del respeto a tus valores, necesidades y prioridades.

Queremos compartir
más momentos contigo.

Únete a la comunidad de PenguinLibros
y encuentra tu siguiente lectura.

¡Únete hoy!

Penguin
Random House
Grupo Editorial